神奈川大学経済貿易研究叢書24号

米国・中国・日本の国際貿易関係

America China Japan

秋山憲治【著】
Kenji Akiyama

東京 白桃書房 神田

まえがき

1990年代は，歴史上の大変革の時代である。社会主義体制が崩壊し，東西対立・冷戦が終了した。90年に，ソ連が市場経済への移行を宣言し，92年に中国では社会主義市場経済体制が確立された。経済の運営原理が地球規模で市場経済となり，グローバル化が進展した。

1991年に，米国では10年以上に及ぶ景気拡大が始まり，米国を中心とするグローバル化が進展し始めた。米国は一極集中とも言われる超大国として復活していった。中国は，外資導入と輸出を武器に，急速な経済成長をたどり，アジアで大きな存在感を示し始めた。日本は，バブル経済が崩壊し，「失われた15年」といわれる長期的な経済停滞に陥ったが，世界的なグローバル化の流れのなかにいた。

本書は，主に，1990年代から2000年代の中頃に至るグローバル化の進展のもとでの米国，中国，日本の国際貿易関係の一コマを扱っている。グローバル経済は，貿易の自由化や直接投資，IT（情報通信）革命によって相互依存関係を形成している。本書は，経済の相互依存関係のもと，3国の貿易政策が，国内の経済・産業や外国の経済・産業にどのような影響を及ぼし，どう変化し，どのような対外経済関係を形成しようとするのかを論じた。

現在，自国の経済利益は，開放的な経済体制を形成しない限り実現しないが，外国との国益の対立や調整は常に起こる。また，国内における経済の利害対立や調整は避けて通れない。貿易政策は，国内の経済政策であると同時に，経済外交でもあり，自国の国内利益を実現するには，外国との妥協や調整を必要とされる。貿易は雇用との関係も深く，国内政治が大きく影響する。本書は，経済を中心としながらも，経済に与える政治的影響や政治と経済の相互関係にも注目した。

本書は，10章から構成され，まず，第1章で「経済のグローバル化」について歴史的視点をいれて総論的な見解を取り上げた。次に，第Ⅰ部「米国・中国編」（第2～4章），第Ⅱ部「中国・日本編」（第5～7章），第Ⅲ部

まえがき

「英語論文編」（第8〜10章）は，各章で，具体的なテーマを取り上げ，それぞれの国の国際貿易関係の各論を論じている。なお，第Ⅲ部は，筆者が，海外の研究会や会議に参加した際，持参したディスカッション・ペーパーである。

　第1章「経済のグローバル化―生成，発展，そして今後の課題―」は，1990年代に入り，社会主義体制の崩壊，地球規模の市場経済の採用，IT革命によりグローバル化した世界経済を，1970年代から歴史的に追ってみた。その後，グローバル化の問題点や課題を政治的視点も入れて論じた。

　第2章「米国通商政策の形成メカニズム」は，米国の通商政策の決定・実施機関と外的影響要因を検討し，共和党・レーガン大統領と民主党・クリントン大統領の政策的な違いや類似性を検討している。また，通商政策に与える選挙の影響について，中間選挙や大統領選挙の事例研究も行った。

　第3章「1990年代の米国の対中通商政策と中国の対応」では，92年に市場経済を採用してから急激に経済成長を遂げた中国と米国の間の通商関係において，米国がどのような政策をとり，中国はどのように対応したかを1990年代について検討した。

　第4章「米中貿易摩擦と今後の行方」は，米国と中国の間には，貿易や直接投資などを通じて経済的な相互依存関係があると同時に，経常収支の大幅な不均衡や人民元相場，知的所有権問題など多くの矛盾が存在しているが，米中両国間の貿易摩擦の起こる可能性や今後の行方について論じた。

　第5章「内圧・外圧からみた中国の市場開放―1990年代を中心として―」では，中国の改革・開放政策の採用以来，中国の市場開放は大きな課題となっているが，内圧と外圧という視点を入れ，1990年代の社会主義市場経済の採用という背景に基づき問題を整理した。

　第6章「中国のWTO加盟の推移とその後の進展」では，中国がガット復帰申請からWTO加盟にいたるまで約15年もかかったが，なぜ長い時間が必要とされたのか加盟実現までの推移を追ってみた。また，加盟後の動きをFTAとの関係から検討した。

第7章「日本のFTA交渉の対応と課題―農業と外国人労働力の受入れを中心として―」では，現在FTA交渉が急増しているが，日本のFTA交渉の取組みの問題点を論じると同時に，発展途上国との交渉では避けて通れない農業問題と外国人労働力の受け入れについて問題を整理し今後の課題を検討している。

　第8章「Japanese Foreign Capital Policy and the Surge of Japan's Inward FDI in the 1990s」は，米国のジョージメイソン大学で行われた直接投資に関するワークショップに提出した論文で，1990年代における日本の外資による進出状況やその急増要因を検討している。

　第9章「Northeast Asian Economic Cooperation and Japan」は，韓国慶南大学極東研究所・神奈川大学共催「東北アジア秩序の再構築」のセミナーでの報告論文で，東北アジアにおける経済協力，特に環日本海経済開発について言及した。

　第10章「FDI and Sustainable Development」は，国連高等研究所・大学のセミナー「WTOと発展途上国：持続的開発を求めて」の報告論文で，持続的開発と発展途上国への海外直接投資の役割について論じている。

　本書は，過去に発表された論文をもとに編集されているため，内容的に多少重複しているところもあるが，順を追って第1章から読み進める必要はなく，興味のある章から読んでも理解できる内容になっている。

　　2008年12月

秋山　憲治

目次
まえがき

第1章　経済のグローバル化—生成，発展，そして今後の課題— 1

はじめに　1
1. 経済のグローバル化とは何か　1
2. 経済のグローバル化の推移　3
    2-1　グローバル化の出発点
    2-2　グローバル化の推移
        2-2-1　グローバル化の土壌整備期（1971年から80年頃）
        2-2-2　グローバル化の萌芽期（1980年代前半：1981年から85年頃）
        2-2-3　グローバル化の成長期（1980年代後半：1985年から90年頃）
        2-2-4　グローバル化の発展期（1990年頃から現在）
        2-2-5　グローバル化の進展と見直し期（1997年から現在）
3. 経済のグローバル化の課題—政治のグローバル化の視点より—　9
    3-1　経済面での政治のグローバル化の遅れ
    3-2　国際政治からみた政治のグローバル化の脅威
おわりに　13

第I部　米国・中国編

第2章　米国通商政策の形成メカニズム 21

はじめに　21
1. 通商政策の決定・実施機関と影響要因　22
    1-1　大統領・行政府

目　次

　　　1-2　連邦議会
　　　1-3　外的影響要因
　　2．共和党・レーガン大統領と民主党・クリントン大統領の通商政策　30
　　　2-1　レーガン大統領の通商政策：「公正貿易」と「マルチトラック・アプローチ」
　　　2-2　クリントン大統領の通商政策：レーガン政策の継承と変化
　　3．選挙と通商政策　36
　　　3-1　2002年米国中間選挙：米国の鉄鋼製品セーフガード適用とWTO
　　　3-2　2004年大統領選挙：ブッシュ（子）対ケリーの通商政策
　　おわりに　43

第3章　1990年代の米国の対中通商政策と中国の対応 ── 47
　　はじめに　47
　　1．米中通商関係の現状　48
　　2．米国の対中通商政策　52
　　3．中国の対応　62
　　おわりに　65

第4章　米中貿易摩擦と今後の行方 ────── 69
　　はじめに　69
　　1．米中貿易関係の進展　70
　　2．米国の対中貿易摩擦　71
　　　2-1　中国の対米輸出問題
　　　2-2　貿易収支の不均衡と人民元の切上げ要求
　　　2-3　中国の知的財産権侵害問題
　　　2-4　中国の市場開放
　　　2-5　中国の資源・エネルギーの確保
　　3．米中貿易摩擦の可能性　79

目　次

  3-1　貿易摩擦の抑制要因
    3-1-1　両国経済の相互依存関係
    3-1-2　WTO の紛争処理機能の充実
    3-1-3　米中の両政府は摩擦の激化を望んでいない
  3-2　摩擦の誘発要因
    3-2-1　政治的要因
    3-2-2　懸念される将来の経済状態
 おわりに：摩擦の行方　83

第Ⅱ部　中国・日本編

第5章　内圧・外圧からみた中国の市場開放—1990年代を中心にして— ── 89

 はじめに　89
 1．中国の開放政策の経緯　89
 2．市場開放の促進要因　91
  2-1　内圧
  2-2　外圧
 3．市場開放の制約要因　94
  3-1　内圧
  3-2　外圧
 4．自国主導の市場開放　96
  4-1　逆外圧
  4-2　逆内圧
 5．課題・問題点：市場開放のスピード　98

第6章　中国の WTO 加盟の推移とその後の進展 ── 101
 はじめに　101

目　次

　　1．中国のガット加盟交渉の推移（第2,3期）　102
　　2．中国のWTO加盟条件（第4期）　104
　　3．中国のWTO加盟交渉の積極化―積極的開放（第4期）　108
　　4．WTO加盟慎重期と加盟実現（第5期）　110
　　5．積極化するFTAの展開　115

第7章　日本のFTA交渉の対応と課題―農業と外国人労働力の受入れを中心として― ── 125

はじめに　125
1．日本のFTA交渉への対応　126
　　1-1　対応が遅い理由
　　　　1-1-1　センシティブな交渉対象
　　　　1-1-2　グローバル化に対応できない政治と政治体制
　　　　1-1-3　閉塞感の日本社会：方向性の喪失
　　1-2　もしFTAを結ばなかったら
　　　　1-2-1　貿易転換効果と空洞化の懸念
　　　　1-2-2　動態的利益の喪失
　　　　1-2-3　政治・外交的リーダーシップの喪失
2．FTA交渉と農業　131
　　2-1　どこの国でも保護産業
　　2-2　農業の競争力強化―技術集約的農業へ
　　2-3　農業の多面的機能
3．FTA交渉と外国人労働力の受入れ　136
　　3-1　少子・高齢化社会
　　3-2　受入れ問題
4．今後の日本の視点　139
　　4-1　積極的対応の必要性
　　4-2　政治問題であるFTA

第Ⅲ部　英語論文編

第8章　Japanese Foreign Capital Policy and the Surge of Japan's Inward FDI in the 1990s ― 145

1. Recent Trends in FDI in Japan　145
2. Japanese Foreign Capital Policy : From Regulation to Attraction　147
    2-1　The Age of Regulation
    2-2　The Progression of liberalization
    2-3　The Promotion of Imports and the Penetration of Foreign Capital
    2-4　Policies to Attract Foreign Capital : Opening of the Japanese Investment Market
3. The Need to Attract FDI in Japan　153
4. Factors in the Increase in Foreign Capital　155
5. Conclusions　159

第9章　Northeast Asian Economic Cooperation and Japan ─── 163

Introduction　163
1. The Large Potential for Development　163
2. Concerns Regarding the Plan　165
3. Japan's Role and the Present Economy　168
4. Expectations toward South Korea and China　169
Conclusion　171

第10章　FDI and Sustainable Development ─── 175

Introduction　175
1. FDI and Development Strategy in Developing Countries　175
2. Difficulties of Sustainable Development　177

目　次

    2-1　Acceptable limit of environmental pollution and wasteful use of natural resources

        2-1-1　Which is more important, today or the future?

        2-1-2　The positions of advanced countries or developing countries?

    2-2　From the quantity to the quality of development

    2-3　How to share the costs for sustainable development

3．Developing Countries and Sustainable Development　　179

    3-1　Countries which are adjusted to a market economy

    3-2　Countries which cannot be adjusted to a market economy

4．To Promote Sustainable-oriented FDI　　182

    4-1　Attracting FDI selected by the government of developing countries

    4-2　Government role of advanced countries and corporate social responsibility (CSR)

    4-3　Role of international organizations and international agreements

    4-4　Role of the citizens and NGO

Conclusion　　185

あとがき

第1章

経済のグローバル化

― 生成，発展，そして今後の課題 ―

はじめに

　1990年代に入り，社会主義体制が崩壊し，地球規模の市場経済が実現した。世界的な経済の統合，一体化が進展しグローバリゼーションの時代となったといわれる。

　本論は，現在のグローバル化がいつ始まったのか，どのような経緯をたどって1990年代に到達したのか，グローバリゼーションは順調に推移しているのか，あるいはどのような課題があるのか，そして，日本はどうか，経済のグローバリゼーションの推移を近い過去から追って検討してみる。

1．経済のグローバル化とは何か

　『現代用語の基礎知識』では，グローバリゼーションは「冷戦終結後，市場経済が世界的に拡大し，生産の国際化が進み，資金や人や資源や技術など生産要素が国境を越えて移動し，貿易も大きく伸び，各国経済の開放体制と世界経済への統合化が進む現象」と説明されている。

　まず，経済のグローバル化の内容を検討してみよう。

第1に，地球規模の市場経済の成立である。まず，社会主義の崩壊，あるいは中国のように社会主義を標榜しても経済の運営原理を市場経済に移行させたために，ほぼ全世界が市場経済となった。

第2に，自由で，開放的な貿易・資本の取引市場の成立である。財・サービス貿易や資本取引の自由化が大きく進展したことである。輸出入取引が自由化され，相互の依存関係が形成されている。つまり，輸出だけでなく，国内市場も開放され輸入も自由に行われることを意味する。また，おカネが利益を求めて，国境を越えて自由に取引されるようになる。経済の血液ともいわれる資金の国際移動がスムーズに行われる。株や債権の売買だけでなく，直接投資として資本が活発に移動するようになった。

第3に，多国籍企業の国際的事業展開により生産や経営のグローバル化が進む。研究・開発，原材料・部品の調達，生産，販売という企業活動が，世界で最も効率よく行われるのはどこか，コスト・ダウンを可能にし，生産性の向上を導き，最大の利潤を生むのはどこかというグローバルな視点で行われる。従来の比較優位に基づく垂直的な産業間分業から産業内の製品分業や企業内における製品あるいは工程間分業が行われるようになり，生産の多国籍化が行われる。多国籍企業は，グローバル化の主体であり，直接投資が活発に行われ，資本，労働力，技術，情報など生産要素の国際移動が積極的に行われる。

第4に，世界経済の統合の進展である。WTO（世界貿易機関）による多角的な貿易交渉により，モノ・サービスの貿易や資本取引の自由化が進む。一方，世界各地で，二国間あるいは複数国間でFTA（自由貿易協定）を結び地域連携が進行している。EU（欧州連合）のように，共通通貨ユーロを導入し，欧州議会を設け，欧州憲法の制定へと政治的にも統合を高度化させているケースもみられる。一方東アジアでも，貿易や直接投資により自然発生的に下から積上げられて経済統合が推進し，相互依存関係が形成されてきた。現在では，アジア経済共同体のような更なる経済統合の深化が議論されている。

第5に，IT（情報通信技術）革命がある。社会主義の崩壊は，市場経済を規模的に拡大しただけでなく，東西対立・冷戦を終結させ，平和の配当として，軍需技術の民生化をもたらした。特に，インターネットの民間への開放は，コンピュータと結びつき，IT革命をもたらした。情報通信技術の革命的発展が，経済のグローバル化を支えた。IT革命がなければ地球規模の市場経済は不可能と考えられる。グローバルな相互依存的国際経済関係は，世界的なネットワークの形成を前提としており，ITがそれを支えている。

2．経済のグローバル化の推移

ここでは，1990年代に成立したといわれるグローバリゼーションの推移，つまり，生成，成長，発展，見直し・課題を近い過去から検討する。

2-1　グローバル化の出発点

経済のグローバル化は，市場経済が基本原理である資本主義が成立して以来，開始していると言うことも可能である。資本自身が価値増殖を求め，市場の拡大を必要とする資本主義そのものにグローバル化の種があるのである。これまでの資本主義の歴史の中で，グローバル化は過去何回か起きていると考えられる。たとえば，大英帝国の時代などはそう言えるであろう。

第2次大戦後，貿易や資本取引は，急速に自由化している。また，60年代に入り，EECの成立に脅威を感じた米企業が欧州に直接投資を行って多国籍企業の活動も活発化しているので，グローバル化は第2次大戦以降から始まっていると考えられるかもしれない。

しかし，本論では，グローバル化は1970年前後から始まったとの仮定からはじめる。特に，1971年の金・ドル交換の停止は象徴的な出来事である。それは，次の3点の理由からである。

まず第1に，ブレトン・ウッズ体制の崩壊である。戦後の国際経済・金融体制は，金1トロイ・オンスと35ドルの交換を保証することによって成り立っていたが，ドルの弱体化によって，金とドルの交換を停止せざるをえな

くなり，戦後の経済・金融秩序であるブレトン・ウッズ体制が崩壊したからである。

　第2に，1971年の金・ドル交換停止で，固定為替相場制が維持できなくなり，変動相場制に移行せざるをえなくなったのである。これまで，固定相場を維持し，国際収支を均衡させるために，自国のマクロ経済政策や貿易・資本取引を制限してきた[1]。変動相場制の成立は，外国為替レートを市場メカニズムに委ねることである。貿易と資本取引の自由化は戦後の国際経済の流れであったが，変動相場制になってから貿易や資本取引の自由化が一層促進されることになり，実際，取引が急増している。貿易や資本の自由化は，グローバル化の必要不可欠な前提である。

　第3に，1971年は，米国の覇権の衰退が明確になった象徴的な時ともいえる。現在のグローバリゼーションは，米国一極集中のアメリカナイゼーションとも言われるが，地球規模の市場経済において，米国がグローバル化の中心的な役割を担っていった。現在のグローバリゼーションのプロセスは，米国の覇権の衰退から，復活・再生，再強化の推移ともいえる。

2-2　グローバル化の推移

　そこで，現在のグローバリゼーションの推移，すなわち，生成，成長，発展，見直しなどを検討するために，1971年の金・ドルの交換の停止から始める。90年代に入って突然グローバル化していったのではなく，何らかのプロセスがあったと考えられるので，それを整理してみる。（年表を参照のこと）

　そこで以下のような5つの区分分けできるのではないかと考え，1つの仮説を提示して問題提起とする。

2-2-1　グローバル化の土壌整備期（1971年から80年頃）

　すでに述べたように，初めは変動相場制の移行である。この時期は為替相場が変動することによって，特に，1973年主要先進国は変動相場制に完全に移行することで，自由な資本取引が制度的に保証され，資本取引が拡大し

ていった。

　次に，多国籍企業の活動の活発化があげられる。日本の企業も，1960年代の後半から70年代にかけて，市場の確保，低賃金の利用，資源の安定確保の動機のもと，活発に直接投資を行いはじめた。この時期はどちらかというと輸出市場の防衛のような貿易を補完するための性格が強いが，一方では，韓国や台湾，香港，シンガポールのようなNIEsといわれるアジア諸国・地域が，外資誘致を積極的に行い，輸出主導の経済開発により高い経済成長を達成していた。この時期，多国籍企業はグローバル化の畑を耕し，種を蒔いていったともいえる[2]。

　また，石油危機による資源ナショナリズムの強まりと大量のオイル・ダラーがグローバル化に一役買った。つまり，石油危機を通して，資源保有国の存在やパワーを強化した。そして，それは大量のドルをオイル・マネーとして資源保有国にもたらし，国際金融市場への大量流入は国際的な資本取引を活発にした。また，資源保有国あるいは発展途上国と外国資本との力関係が変化して，外国資本をコントロールする対抗力をもてるようになってきた。自国の保有資源を武器に，外資を自国の経済開発に利用しようとするようにもなり，先進国も資源確保型の直接投資を増加させることを望み，外資との力関係に変化が現れた。

　最後に，米国の覇権衰退と再生願望があげられる。つまり，米国は，金・ドルの交換停止だけでなく，ベトナム戦争の敗北，イランのホメイニ革命・テヘラン米大使館占拠と大使館員の解放失敗は，政治的・軍事的にもその弱体化が目立ち，米国の覇権の衰退が顕著になっていった。一方，それは米国民の自信の喪失であると同時に，強い米国の再生の願望にも繋がっていった。

　なお，この時期，社会主義圏でも変化が出てきている。中国の「改革・開放」政策への転換である。1978〜79年に，中国は，文化革命のマイナスの影響から脱して，「改革・開放」の時代に舵を取り始めた。

2-2-2　グローバル化の萌芽期（1980年代前半：1981年から85年頃）

　この時期の大きな出来事は，レーガン政権の登場である。レーガン大統領は，強い米国の再生をスローガンにして当選した。彼の目的は，レーガノミックスと軍備の増強によって強い米国の再生を実現しようとした。ソ連を悪の帝国として，それに経済的にも軍事的にも打ち勝つことであった。

　レーガノミックスは，歳出削減と大幅減税，規制緩和，民営化による小さな政府と市場経済の活用，そして産業の競争力強化を目的とした。一方，軍備の増強は，ソ連との軍拡競争に至り，国防支出が増大した。これは，米国の双子の赤字の1つである財政赤字の原因となったが，意図せざるグローバル化の促進要因となった。つまり，軍拡競争が，ソ連を疲弊させ，ソ連・社会主義圏の崩壊の主な原因になったからである。

　この時期は，市場重視の流れが米国だけに現れたのではなく，サッチャー政権の英国や中曽根政権の日本でも，規制緩和や民営化，競争促進の市場重視型の政権がほぼ同時期に誕生している。サッチャー政権は，規制を緩和し，大胆に外資を導入して英国の再生に成功し，中曽根政権も，国鉄民営化など日本経済の構造調整問題に着手し始めた。

　以上のように，この時期は，レーガン政権を中心に，グローバル化の種を発芽させたといえるのではないか。

2-2-3　グローバル化の成長期（1980年代後半：1985年から90年頃）

　1985年前後から世界の直接投資は，急激に増加した。市場重視型の経済政策は，直接投資の障壁を低くした。世界的な企業間の競争も激しくなり，より効率的な生産体制が求められた。所得水準の高い先進国へは消費者のニーズに効率的に対応するために直接投資され，発展途上国へは生産コストを削減するために投資された。米国や欧州も対外投資のみならず対内投資も積極的に受入れ，先進国間の直接投資が主流をしめた。発展途上国も，アジアNIEsの成功により，外資誘致による開発戦略を積極化させた。そして，海外直接投資で，企業の合併・買収型のM&Aの活動が急増した。

　1985年のプラザ合意によって，ドル高・円安是正がはかられ，日本円

は，急激に円高に移行していった。日本は，貿易摩擦の回避もあったため，海外，特に米国に膨大な海外投資を行なった。

米国では，プラザ合意のドル安は，米国産業の価格競争力の強化をもたらした。また，通商面で攻勢に出て，1985年9月新通商政策を発表した。輸出の拡大のために公正貿易を主張し，通商法301条あるいはそれを強化したスーパー301条により市場開放要求を強力に求めた。88年には包括通商・競争力法を制定し，また知的所有権の保護強化などにより米国の経済・産業の競争力の強化を図った。

当時，米国の対応を保護主義の深化と考えたたが，グローバル化が急速に進展した現在から考えると，この時期は，米国型グローバル化の成長過程とも考えられる。米国は，グローバル化へ強力なリーダーシップを発揮し，それが，米国経済の再生に至るという確信があったと思われる。

一方，社会主義圏でも，大きな変化が現れている。1985年3月に，ゴルバチョフが書記長に就任し，87年6月には「ペレストロイカ（改革）」がはじまった。

2-2-4　グローバル化の発展期（1990年頃から現在）

この時期に，社会主義の崩壊がおこり，地球規模の市場経済が成立した。つまり，1989年にベルリンの壁が崩れてから，91年にソ連邦が消滅した。また，92年10月には，中国も「社会主義市場経済」[3] を憲法に明記して，市場経済体制の確立を決定した。

すでに述べたように，冷戦の終結は，インターネットの民間開放を引き起こし，IT革命に結びついていった。ITは，世界的な情報ネットワークの構築に役立っただけでなく，IT産業によって，ハード面でもソフト面でも米国の景気を牽引した。1991年6月から2000年初めの株価下落，あるいは2001年春の景気後退に至るほぼ10年にわたる米国の好況は，ITによって牽引された。ITは，好況をもたらした産業であると同時に，グローバルな市場取引や生産のグローバル化を実現する要因でもある。

その他の，主なグローバル化の動きを列挙すると，次のような出来事があ

げられる。

　ウルグアイ・ラウンドの合意をうけて，1995年1月にWTO（世界貿易機関）が発足し，貿易や投資の自由化を進める機関が作られた。経済のグローバル化を進める上で，サービス貿易や知的所有権，競争政策，紛争処理機能の強化，さらに環境や労働問題など幅広い分野での交渉を進める組織的な体制が発足した。

　日本でも1998年4月に日本版金融ビッグバンにより，金融市場の規制緩和や自由化，金融システムの再生・健全化により，グローバル化に対応できるような金融の大改革が実施された。

　欧州では，1993年発効したマーストリヒト条約によってEC（欧州共同体）からEU（欧州連合）へと発展し，経済のみならず政治や通貨，社会など欧州が1つの国家単位として出発し始めた。そして通貨統合では，欧州単一通貨として「ユーロ」が，99年1月に導入された。

　中国でも，2001年12月に念願のWTO加盟が実現し，国際経済社会の正式なメンバーとして認められようになった。

2-2-5　グローバル化の進展と見直し期（1997年から現在）

　1990年代に入り，グローバル化が順調に進展していったが，その見直しも迫られた。つまり，順調に経済発展を遂げ，「東アジアの奇跡」ともいわれたアジア経済が，通貨・金融危機に見舞われた。デリバティブなど短期の資本取引により，1997年アジアの通貨・金融危機が発生し，危機は世界に波及する気配をみせた。グローバルな金融システムの不安定さが懸念された。

　一方，グローバリズムに反対する運動も強まりを見せ始めた。1999年シアトルのWTO閣僚会議では，NGO（非政府組織，民間援助団体）などにより，貧富の格差，環境破壊，人権などでWTOの政策に反対し，グローバル化の弊害が問題視され，反グローバリズムの嵐が吹き荒れた。

　2001年春には，10年にも及ぶ米国の景気が後退した。ITバブルが崩壊し，世界同時不況の恐れが懸念された。そして，同年9月に，同時多発テロが勃発し，米国の経済・グローバル化の象徴としてのワールドトレードセン

ターの崩壊，米国の安全保障の中心であるペンタゴンも攻撃された。現在のグローバル化が一面では，アメリカナイゼーションとも言われ，その一極集中，あるいはユニラテラリズム（独善主義）への批判も強まっていった。9.11の同時多発テロは，アフガン戦争，そしてイラク戦争へと道をたどり，世界の政治や経済にたいする不安定要因となるに到った。

　21世紀に入り，経済のグローバル化は，中国やインドのようなBRICs諸国の経済発展を巻き込み，世界の経済統合は進行していったが，一方，グローバル化の危機は金融危機として発生している。すでに述べたように，1997年にはアジアの金融危機が発生しているが，2007年には，グローバル化をリードしてきた米国から危機がもたらされた。米国の住宅バブルの崩壊と低所得者向けのサブプライム・ローンの破綻を契機に，米国に流入していた世界のマネーが逆流を始め，原油・天然資源や食糧など実物経済に投入され，価格の高騰や不安定化を招いた。そして，現在，金融システムの大混乱や世界の株の大暴落と続き，実体経済を悪化させて「100年に一度あるかないか」といわれる世界同時不況が現実味を帯びてきている。

3．経済のグローバル化の課題
——政治のグローバル化の視点より

　グローバル化が見直しの時期に入っていることは述べた。今後，グローバル化は成熟して，より発展するのか，それとも混乱や停滞にいたるのかを検討する。

　経済のグローバル化だけを考えると，今後も進展していくことは予想される。各国が自国を閉鎖して保護主義政策をとって経済が発展することはない。しかし，多くのリスクが存在することは確かである。グローバル市場の相互依存体制は大きな効率性を実現するが，その相互依存がSARSや自然災害，テロなど何らかの理由で寸断されたとき，リスクが世界的に増幅し，地球規模の全体的な麻痺がおこる可能性がある。こうした脆弱性のリスクにたいして，企業は，多少の効率性を犠牲にしても多様な生産，流通，消費の経

済サイクルやネットワークを構築し，リスクマネジメントを行うであろう。

しかし，市場や企業で解決できる問題とできないものがある。つまり，「市場は万能ではない」からである。経済がグローバル化すれば，当然，政治もグローバル化しなければならない。現実は，政治がグローバル化に対応できなかったり，グローバル化の足を引張ったりしている。

政治のグローバル化とはなにか。これには2つの面がある。1つは，経済的な意味で，政治のグローバル化が遅れていることである。他方，国際政治的な意味で，政治のグローバル化の脅威が指摘される。

3-1　経済面での政治のグローバル化の遅れ

第1に，政府がグローバル化に対応できない。グローバル化の流れに逆らう政策をとってしまう。市場開放を行うと，競争力の弱い産業は競争に負けてしまうため，雇用問題や既得権勢力の利益擁護など政治的理由からそれを保護する政策をとってしまうが，それはグローバル化に逆行しかねない。

たとえば，日本の農産物3品目の暫定セーフガード適用に関しても，日本と中国の国際経済紛争のかたちをとっているが，実は日本の商社が日本向けに生産を中国に委託した農産物であり，むしろ日・日対立の国内紛争である。グローバル化によって国民経済や国民国家がどのように変容したかに気づかない政治認識の欠如が問題である。あるいは，日本とメキシコとのFTA交渉にしても，実害が明白にもかかわらず，少数の農家を保護し，選挙対策にのみ腐心する政治家の姿が見え隠れし，日本政府の政治的対応の遅れが目立つ。

米国の通商政策も自国の都合のみを考えた一方的な独善主義がうかがえる。鉄鋼セーフガードの適用，農業保護の拡大なども大統領選挙に向けてのご都合主義で，WTOの軽視である。

国の通商政策は，自国の国益を守るためのものであるが，しばしばグローバル化に逆らう政策に陥ることが多い。グローバル経済に対する国内政治の認識の遅れが目立つなかで，グローバル化と対立しないような経済政策が取

れるのかどうかが問われる。グローバル化に合わせると競争が激化して，競争力のない産業の取り扱いが問題になる。しかし，グローバル化に合わない政策をとると，競争力の強い企業・資本は海外に逃げていき，国内が空洞化していくという懸念が大きくなる。グローバル化に対応しながら弱者産業をどう扱うか，単純に選挙目当ての短期的保護ではすまない。長期的な視点に立ち，自国の競争力を高めるためには何が必要かを考えなければならない。グローバル化のなかで，国益を確保するということは非常に難しい。

　第2に，市場の分配・公平性の問題がある。もともと，市場経済は効率性には非常に有効であっても，結果の不平等を生む公平性の問題が発生する。

　経済のグローバル化は市場の大競争により，効率化，低インフレ，高生産性など経済の次元で考えると有利な状況を生み出しているが，しかしわれわれに幸福をもたらしているかどうかは疑わしいという意見も出てくる[4]。

　たとえば，競争の激化は，リストラや倒産によって雇用・失業問題を引起す。グローバル化の本家本元である米国でも，90年代初めは，ジョブレス・リカバリー（雇用増なき景気回復）がいわれ，ITバブル崩壊から現在の景気回復はジョブロス・リカバリー（雇用喪失景気回復）といわれている。われわれの身近な例でも，リストラや倒産による失業やアウトソーシングの安い賃金を余儀なくされたり，あるいは職についている人でも長時間労働，サービス残業など過酷な労働条件を強いられている。こうした問題は，市場メカニズムでは解決出来ない。

　世界大競争のグローバル化の時代は，雇用不安・失業の時代であり，強いものはますます強くなり，大多数は敗者あるいは弱者の立場に追いやられる。それは国内における貧富の格差の拡大へと導き，市場では解決できず政府の関与が求められる。雇用保険や失業保険，敗者の再チャレンジできるシステムなど経済的・社会的なセーフティネットの充実などが必要とされる。

　第3は，国際的な経済格差の拡大の問題である。グローバル経済ではグローバル化を享受できる地域とできない地域の対立など，一国内以上に複雑な経済問題がおきている。国際経済において，一国の国民政府に相当する国

際政府はない。国際市場の安定や市場の失敗をカバーできる機関があるのか。国際的な経済の危機管理のためのグローバル・ガバナンスがしばしば問題にされる。IMF，世銀，OECD など国際経済・金融システムの安定の機関，貿易や投資の自由化やルールなど通商問題では WTO がある。経済拡大の是正には，国連，NGO などによる援助などが考えられる。こうした機関がグローバル市場の安定を確保したり，あるいはその欠陥や失敗を国際的に補いうるかと問われると大きな疑問やあるいは否定的な答えも返ってくる。

3-2　国際政治からみた政治のグローバル化の脅威

　政治のグローバル化の問題は，9.11 テロ以降，国際政治・安全保障の問題となっており，経済のグローバル化を脅かす要因になっている。

　グローバル化が米国一極集中化をもたらしたが，これは米国の覇権の再確立，あるいは世界支配を目指す動きとなりユニラテラリズムをもたらした。米国が世界を市場経済化するためのユニラテラリズムは一方主義，あるいは独善主義ともいわれ，アメリカ的価値観の押し付けに陥りやすい。

　米国のグローバル化には，自国優先で，自国の利益を優先させる押付けが強い。2002 年農業法では，多額の補助金を小麦やトウモロコシなどの穀物生産に供与することにした。農業の補助金が途上国の農業を破壊する。農業補助金が，米国農業の安値取引を可能にし，途上国の輸出を困難にし，ある場合には，米国農産物が途上国に輸出されることにもなり，発展途上国の農業を立ち行かなくさせている[5]。また，自国の景気の配慮から京都議定書の批准に反対しているのも，グローバル化のリーダーとしての態度には見えない。

　2003 年のイラク戦争では，国連を無視した。大量破壊兵器の破棄の大義名分を掲げているが，一方では，中東に市場経済の基本である「自由と民主主義」を確立することを主張しているが独善的な押し付けである。これはむしろ，国際的な貧富の拡大の土壌の中で，文明の衝突やキリスト教原理主義とイスラム原理主義の宗教戦争，テロ，安全保障の危機をもたらしている。

第1章　経済のグローバル化

　米国は 9.11 以降，ビザの取得を厳しくし，ハイテク移民の制限や観光客への影響も出てきている。人の移動の自由化はグローバル化の大きな要素であるが，移民は国内の治安や安全保障と大きく関係し，グローバル化を制限するよう作用している。

　グローバル化によって政治，経済，社会，文化などの面で世界の多様性が，米国的な単一性に取って代わる傾向がつよい。経済的相互依存の中で，単一性は経済の合理性や効率性の追求に都合がいいし，強みを発揮するが，しかし，同時に脆さを併せ持つ。これは生物の種の保存の面でもいえる。近親結婚を繰り返すことで生物として弱体化していくことが知られている。政治のグローバル化では，その安全保障として，世界の多様性をどのように確保するのか，あるいはできるかどうかが問題となる。

おわりに

　グローバル化は，新たな混迷の時代に入ったといえる。

　現在，米国の低所得者向けサブプライム・ローン問題に端を発し，世界の金融市場の不安定・混乱がおこり，世界経済が変調を来し，世界同時不況と混迷を始めた。また，地球温暖化は，全世界共通の課題であり，環境や経済に大きな影響を及ぼしている。温暖化ガスの削減と経済成長は，互いに両立しがたく，解決の難しい長期課題である。

　グローバル化が，今後とも，持続的成長を展望できるのかどうか，将来世代の発展を損なうような問題を引き起こしているのではないか懸念される。その大きな課題となるのがエネルギー・資源と環境問題である。中国に典型的に見られるように，発展途上国の経済発展は，エネルギー・資源の粗放型消費による経済成長である。大量に石油や天然資源を投入することで，成長を遂げている。しかし，エネルギー・資源は有限であり，また，安全保障と密接に関連する戦略物資である。限りある資源の確保をめぐって国際的な奪い合いが始まり，世界が不安定化し，安全が脅かされる状況も出てきている。

地球の人口は，1960年に約30億人であったのが，現在65億人とほぼ倍以上となり，2050年には90億人になると予想されている。特に，人口の急増は発展途上国で目覚しく，これら諸国が経済成長を遂げるには，膨大なエネルギー・資源を必要とするだけでなく，膨大な食糧需要も発生する。こうしたエネルギー・天然資源や食糧を賄うことが出来るのだろうか。

　一方，経済成長の過程で環境への負荷が大きな課題となる。二酸化炭素（CO_2）の排出による地球温暖化をはじめ，環境汚染すなわち大気汚染，水不足と水質汚染，土壌汚染，砂漠化など地球環境の悪化が懸念される。地球の環境破壊は経済成長の必然悪なのであろうか，それとの持続的成長の制約要因となるのであろうか。また，経済成長やグローバル化の影の部分として，貧困や経済格差の拡大がある。こうした問題は，政治を混乱させ，社会を不安定化させ，経済成長を阻害する要因となる。

年表　経済のグローバル化の推移

＊1971年	8月：ドル防衛策発表―金・ドル交換停止（ニクソン・ショック），変動為替相場制への移行
	12月：スミソニアン体制発足―通貨の基準レート設定
＊1973年	3月：スミソニアン体制崩壊―変動為替相場制へ再移行（→資本取引の急激な増加）
	11月：第1次石油危機（→オイルダラーの存在，国際金融市場・取引の活発化）
＊1975年	4月：ベトナム戦争終了―米軍撤収（→「米国没落論」）
	11月：第1回先進国首脳会議開催（ランブイエ）
＊1978年	12月：中国「改革・開放政策」の実施を決定
＊1979年	1月：イラン・ホメイニ革命
	5月：サッチャー政権誕生（～90年11月）
	6月：第2次石油危機
	12月：ソ連，アフガニスタンに軍事介入
＊1980年	4月：イランの米大使館人質救出作戦失敗（→大統領選挙，流れは共和党に傾き，強い米国の再生を主張したレーガンが当選）
	12月：日本，新外為法（→原則禁止から原則自由へ）
＊1981年	1月：レーガン大統領就任（第I期）（～84年）

第1章 経済のグローバル化

	2月：経済再建計画「レーガノミックス」発表
＊1982年	11月：中曽根内閣発足（～87年11月）
＊1985年	1月：レーガン大統領就任（第Ⅱ期）（～88年）
	3月：ゴルバチョフ書記長就任
	9月：G5，プラザ合意（→ドル高是正，円高へ）
	：新通商政策発表―輸出拡大のために公正貿易を主張（→市場開放要求へ）
＊1986年	4月：「前川レポート」（→日本の経済構造調整）
＊1987年	6月：ソ連のペレストロイカ（改革）始まる
	10月：ニューヨーク株式大暴落（暗黒の月曜日）
＊1988年	8月：「1988年包括通商・競争力法」成立（→市場開放要求強まる，スーパー301条）
	5月：ソ連軍，アフガニスタンから撤退開始（～89年2月）
＊1989年	6月：天安門事件（→開発独裁への道，江沢民総書記就任）
	11月：ベルリンの壁，崩壊
	12月：米ソ首脳マルタ会談―冷戦の終結
＊1990年	3月：ゴルバチョフ大統領就任（～91年12月）
	5月：ソ連，市場経済移行宣言
	10月：東西ドイツの統一
＊1991年	1月：湾岸戦争（～4月）
	3月：(10年に及ぶ)米国の景気拡大始まる（～2001年春，景気後退まで）
	12月：ソ連邦消滅―独立国家共同体（CIS）創設
＊1992年	2月：マーストリヒト条約調印（→欧州連合の創設へ）(93年11月，発効)
	10月：中国「社会主義市場経済」体制の確立を決定
＊1993年	1月：クリントン大統領就任（第Ⅰ期）（～96年）
	8月：世銀レポート『東アジアの奇跡』発表
	12月：ウルグアイ・ラウンド最終妥結（86年～，交渉7年）
＊1994年	1月：北米自由貿易協定（NAFTA）発効
＊1995年	1月：世界貿易機関（WTO）発足
＊1996年	7月：日米半導体交渉の決着（→その後日米貿易摩擦沈静化）
＊1997年	1月：クリントン大統領就任（第Ⅱ期）（～2000年）
	7月：アジア通貨・金融危機
	12月：温暖化防止京都会議開催
＊1998年	4月：日本版金融ビックバン（金融制度の大改革）（→金融の全面的な市場開放）

*1999年	1月:欧州単一通貨「ユーロ」導入(加盟15カ国中11カ国参加)
	12月:シアトルWTO第3回閣僚会議(→反グローバリズム高まる)
*2001年	1月:ジョージ・W・ブッシュ大統領就任(第Ⅰ期)(〜04年)
	4月:米州首脳会議―米州自由貿易地域(FTAA)2005年までに発足に合意
	9月:同時多発テロ
	10月:米,アフガニスタン戦争
	12月:中国,WTO正式加盟
*2002年	1月:欧州単一通貨「ユーロ」12カ国で流通開始
*2003年	3月:イラク戦争
	9月:WTO閣僚会議(メキシコ・カンクン)決裂,新ラウンドの枠組み合意ならず
*2004年	5月:EU新規加盟(中・東欧10カ国),拡大EU25カ国へ
	8月:WTO新ラウンド枠組み合意,論点を先送りして決裂回避,新ラウンドの最終合意期限(05年1月1日)を最低1年延長
*2005年	2月:京都議定書発効
*2006年	7月:WTO新ラウンド交渉決裂,凍結宣言
*2007年	8月:米国の低所得者向け住宅ローン(サブプライム・ローン)から世界の金融市場の混乱が拡大,原油の高騰,世界的なインフレ懸念始まる
*2008年	7月:WTO新ラウンド交渉決裂,長期凍結へ
	9月:リーマン・ブラザーズの破綻を契機に,世界同時不況の懸念強まる

(出所) 亀井高孝・三上次男・林健太郎・堀米庸三編『世界史年表・地図(第14版)』吉川弘文館,2008年。
細谷千博監修／滝田賢治・大芝亮編『国際政治経済資料集(第2版)』有心堂,2003年。『朝日新聞』『日本経済新聞』その他資料を利用して作成。

注
1) 国際金融のトリレンマといわれ,国内の自由なマクロ経済政策と固定為替相場制,資本取引の自由化の3つは同時に成立しないというものである。つまり,固定相場制を維持するために,国内のマクロ経済政策や貿易・資本取引の自由が制約されてきた。しかし,固定為替相場を変動相場にすることによって,国内のマクロ経済政策の自由裁量や資本取引の自由度が増したといえる。
タイの通貨・金融危機を見てみよう。タイでは,輸出が順調で経済成長も急伸し,資本取引の自由化のもとで,短期の外国資本が急激に流入したが,それが,タイ経済を過熱させ,バブル経済の原因にもなった。加熱する経済のもとで金融を引き締めるた

めに高い金利を課すが，それが一層の外資の流入となる。タイバーツはドルにリンクしている固定相場であったため，外資は安心して流入した。しかし，限度がある。タイ経済の不透明感が増し，リスクがはっきりしてくると，タイバーツの切り下げを避けるために，ドルにリンクした固定為替相場のもとで，一気に外資は資金を引上げ始めた。それが，アジア通貨危機の引き金である。しかし，あくまでも仮定の話であるが，資本取引を規制していれば，あるいは，資本取引が自由であっても為替相場を変動制にしていれば，危機が深刻になる前に予防できたかもしれない。

2）「資本は国境を越える」という言葉は，この時代の多国籍企業の活動を印象する言葉である。ちなみに，宮崎義一『資本は国境を越える』朝日新聞社は1970年に出版された。

3）「社会主義市場経済」とは，政治的には共産党が主導するが，経済の運営は，市場経済に任せるという体制で，社会主義的政治統治と資本主義的経済運営の共存ということができる。

4）Bruce Nussbaum（2003），"The You-Asked-for-It Economy", *Business Week*, November 17.

5）綿花生産については，"HARVESTING POVERTY：The Long Reach of King Cotton", *The New York Times*, August 5, 2003. を参照のこと。

第Ⅰ部

米国・中国編

第2章

米国通商政策の形成メカニズム

はじめに

　第2次世界大戦後の米国の通商政策[1]は，覇権が強固に確立していた1950年代から60年代にかけて自由貿易をすすめていた。高関税を賦課し世界大恐慌を深刻化させた1930年のスムート＝ホーレイ法の反省から戦後の米国の通商政策は自由貿易を基本としていた。しかし，貿易の自由化が進み競争が激化する一方，米国の競争力の低下が明らかになった70年代は，保護主義的傾向が強くなってきた。さらに80年代に入ると競争力は一層低下し保護主義の勢いはますます強くなってきた。自由貿易の御旗をおろすことは米国の自滅につながるため，公正貿易という概念を出してきた。自国の競争力は他国のアンフェア（不公正）な貿易によって妨害されているという論理である。しかし，公正貿易論が保護貿易の言い訳あるいは隠れ蓑となる危険が出てきた[2]。

　一方，1990年代に入ると，かつての社会主義国が市場経済を採用するようになり，世界がマーケット・メカニズムを基本原理とする単一の市場経済となった。いわば，経済のグローバル化が現実となってきた。従来，米国は

大きな国内市場を擁していたため通商問題にはあまり関心をもっていなかったが、70年前後から貿易の自由化や米国の多国籍企業の海外事業展開が活発になり、海外で生産された製品の輸入も増加し、外国との経済的な相互依存関係は強まった。90年代に入り、米国の競争力が回復し、米国主導のグローバル化を強力に推し進めることになった。

冷戦の終了と世界の市場経済化、さらにIT革命によって競争力を回復し繁栄したアメリカは、グローバリゼーションによって自由貿易を主張した。しかし意図するところは、世界を米国の基準によって開放しようとするものである。世界の通商秩序を自国の利益確保の論理でまとめ、それ以外の自由化は認められないとする強引さも目立ち、自国の利益の確保を第一と考えた自己中心的な自由貿易主義ともいえる。そのため米国中心のグローバル化にたいする疑問や見直しが言われ始めた。

通商政策は、国内政策と外交政策の接点にあるといえる[3]。1990年代グローバルな世界経済が実現し、ITによる米国の繁栄と一極支配など、米国の影響力が強大な現在、米国の通商政策は国内と外国の相互関係を意味し、世界に対して重要な影響を持つ。本論では、米国の通商政策の形成メカニズムについて、国内外の影響要因や党派を異にするレーガン大統領とクリントン大統領の通商政策、選挙と通商政策の関係などについて事例研究を含めて検討する。

1．通商政策の決定・実施機関と影響要因

米国では、通商政策を決定、実施する関連機関として連邦議会（立法府）、行政府、司法府の3つがある。議会は憲法上通商を規制する権限を持ち、政策を立法化する。法律に基づき行政府は政策を実施する。司法府は法的判断を示す。米国の政治体制のもとでは、行政、議会（立法）、司法が対等の立場に立っており、政策決定は、3つの権力が互いにチェック・アンド・バランスの関係をとっている。しかし、3者が同時に同じ力を持っているというわけではない。

第2章　米国通商政策の形成メカニズム

　自由世界のリーダーである米国の大統領は，保護主義を標榜して大統領に当選することはできない。自由貿易政策をかかげる。しかし，実際の政策スタンスはそのときの米国の経済状態による。米国の経済・産業の競争力が落ちているときは，米国の経済・産業の利益を実現するために保護主義的に傾きやすい。一方，経済の競争力が強いときは各国に自由貿易・市場開放を要求する経済外交になる。また，時の政治状況によっても異なる。選挙が予定されているときは，国内の選挙民向けのアピールをするようになるので保護主義的傾向が強くなる。

　また，議会との力関係にも依存する。議会の力が強いと通商政策は，保護主義的な傾向を持つ。2年ごとに選挙の洗礼を受ける下院と6年ごとの上院ではその保護主義度は異なるが，下院は，狭い選挙区と強い選挙民の圧力を受けざるを得ないため，保護主義的傾向は強い。6年任期の上院でも，2年ごとに3分の1の議員が選挙の洗礼を受けるため，選挙民の意向に影響される。

　国益の実現は現代では多様になっている。従来，自国の企業が自国内で発展し，経済成長と雇用を実現し経済的な繁栄を実現することであった。しかし，グローバル化のもと企業が国境を超えて生産活動を展開し始めると，国益を実現するのは，必ずしも自国の企業とは限らない。むしろ自国の企業が海外に進出するために国益に反する行動をとり，空洞化を招くこともある。あるいは，外国の企業が自国に投資することによって，自国に資本や経営資源をもたらし，雇用を作り出すこともありうる。しかし，産業の中には自由に国境を越えて生産活動を行なうことがなかなか難しいものもある。農業や鉄鋼産業のように資本集約的な産業がある。こうした産業が国際競争力を失うと強く保護を求めるようになる。保護の要求が議会や行政府を動かし，保護主義的政策となっていく。

　大統領・行政府と議会の両者の力関係が米国通商政策の方向を大きく左右するといえる。その力関係に影響を及ぼすのは時代の政治・経済状況でもある。また米国のトップダウンとしての政策決定方式は，時の大統領の個人と

しての考え方や性格も大きく影響する。

以下大統領を中心とする行政府と立法権限をもつ連邦議会について考えてみる[4]。

1-1　大統領・行政府

大統領が権力の中心であるから政策の最高決定者である。しかし，米国憲法では，大統領は「外国との条約を締結する権限を有する」との規定があるため，外交交渉は一般的には大統領にあると考えられているが，通商交渉の法的権限ははっきりしないといわれる[5]。それは，米国憲法では，第1条8項3節で，連邦議会が貿易を規制する権限を持つと規定しているからである。そのため，1930年代から議会は，大統領が外国と通商交渉を行う時は，交渉し協定を結ぶ権限を委任するようになってきた。

大統領が，WTOのラウンド交渉を行う時，交渉結果を一括して議会に承認してもらう権限をTPA（貿易促進権限）といい，従来ファストトラックともいわれた。これは交渉成果を議会が修正することなしに，批准するか，しないかだけを決める。議会からこうした権限を得ることで，対外交渉を円滑に行い，強化もできる。また交渉成果を対外的に保証でき信頼をえられるのである。この権限を議会から得られないと，大規模な通商交渉は，不可能ということになる。通商交渉の行方は，議会と大統領の力関係に左右されるともいえる。

これまでの議会から通商交渉の権限を委譲された法律に，世界大恐慌に対処するための1934年互恵通商協定法，ケネディ・ラウンドの1962年通商拡大法，東京ラウンドのための1974年通商法，1979年通商協定法，その他1984年通商関税法，1988年包括通商・競争力法などがある。

次に，通商交渉を仕切る部局として米国通商代表部がある。ガットのケネディ・ラウンド交渉を進めるために1962年通商拡大法により特別通商代表がもうけられ，その後74年に特別通商代表部（STR）になり，79年機構改革により，米国通商代表部（USTR）に昇格し，権限を強化した。従来，国

務省の管轄下に置かれていたが，通商交渉が国際関係で重要な問題になるにつれ，組織が拡大強化され，通商問題を扱う重要な政府機関となっていった。

米国通商代表部は，通商政策で大統領直属の担当として最も中心的な役割をはたす。しかし，議会によって設立された経緯から議会の影響力も強い。1988年包括通商・競争力法では不公正貿易慣行を持つ国への報復権限を大統領から通商代表部に移すなどして通商代表部の権限を強めたが，同時に議会の影響力も増した。貿易に関係する利害集団との接触も多く，バランスを要求される取りまとめの役割を担っている。

通商政策に影響する省として国務省と商務省がある。国務省は国際政治と安全保障を中心に外交を展開するため，貿易問題に果たす役割は比較的小さい。その役割は米国通商代表部に移ったが，軍事・安全保障と関連する貿易問題では発言権は大きい。商務省の役割は，日本の通産省（現経済産業省）と比較されるがその権限は大きく異なる。むしろ，輸出の促進や輸入の監視，国際経済やビジネスにたいする情報・サービス提供で，政策に果たす役割は小さいといわれる。米国企業の利益を代表するため，そのスタンスは保護主義的といわれる。

また，テーマによっては通商政策に影響を及ぼすものとして次のような省がある。

財務省は，貿易や国際投資問題と国際金融・通貨に関係する政策を扱う。国際収支の問題にも関心がある。米国は農産物の輸出大国であるため，農務省も重要である。農産物の海外市場拡大に関心を示しており，農産物貿易の政策形成に役割を担う。労働省は，輸入と国内競合産業との関係からレイオフや倒産・失業などの雇用関係から発言力をもつ。国防総省では，安全保障に関係を持つハイテク機器の貿易に関心をもっている。

上記のように貿易問題はいろいろの機関に関係している。利害関係が通商代表部，国務省，財務省，商務省，また農業問題のときは農務省などのように省庁間にまたがっているとき省庁間の政策を調整する機関として，貿易政

策委員会（TPC）がある[6]。

1-2　連邦議会

　すでに述べたように，議会は，憲法上租税や関税，賦課金，物品税を設けたり，外国との貿易を規制する権限があると明記されている。どの国でも国税に関する権限は議会にあるが，当時は関税が国家収入の大きな割合を占め，関税が貿易政策の基本であったため，貿易を規制する権限は議会にあった。そのため，大統領が外国と交渉し協定を結び，それが発効するためには議会から承認を得る必要がある。

　通商政策は，議会で立法された法律に基づいて実行される。議会で貿易問題を中心に扱うのは，上院では財政委員会，下院で歳入委員会となっている。その中で，国際貿易小委員会が大きな役割を担っている。現在では，国際貿易の中で関税の占める役割は非常に小さくなっているが，これら委員会で取り扱う対象は，非関税障壁，不公正貿易慣行，輸入競争からの損害に対する救済や調整援助，WTO や NAFTA，二国間などの貿易問題，あるいは国外を源泉とする所得に対する課税など広い分野に亘っている。また，通商政策が関税問題から国内問題と関係する非関税障壁の問題になってくるに従い，他の関連する委員会でも議論されるようになってきている。現在，WTO では，サービス貿易や国際金融，投資などからさらに環境や労働問題にまで至り幅広く議論されており，議会の他の関連委員会でも貿易問題は重要テーマになりつつある。

　議会の審議過程において，党派も役割あるいは影響を及ぼす。米国議会は共和党と民主党の2大政党からなっているが，大きなイデオロギー上の違いがあるわけではなく，政策上も大差ない。しかし，共和党は保守的といわれ，小さな政府や自由な経済活動を唱え，支持基盤は企業家や比較的富裕層からなる。そのため，貿易政策は自由貿易的な傾向を持つといわれる。一方，民主党はリベラル派で，労働組合やマイノリティ，貧困層などの弱者の保護を主張し，保護主義的な政策をかかげる傾向がある。しかし，党派によ

る通商政策の傾向が明確であるわけではなく，選挙基盤の動向や時の経済状況，テーマによって左右され，共和党が保護主義政策を支持したり，逆に民主党が自由貿易を支持することもある。議会の投票も党議拘束されるということはほとんどなく，個人の意見や選挙基盤の意向などが反映される。

　議会と大統領の関係は，議院内閣制の日本のように行政府と国会が相互依存的であるのと異なり，相互に独立的でチェック・アンド・バランスの関係である。米国の通商政策は，対外的な交渉は行政府が持つが，議会は交渉に影響を及ぼし，あるいは交渉結果を批准する大きな権限を持っている。こうした権限の分散が，時には政策の整合性を欠くことにもなる。議会と大統領のどちらがリーダーシップを握るか，その力関係で，通商政策の傾向が決まってくる。大統領が強いときは自由貿易的に，議会が強いときは保護主義的に傾きやすい。

　以上のような政治的関係が議会の立法プロセスに反映される。議会での審議は重要な意味を持っている。委員会，特に小委員会での議論は各界の利害関係者の意見を表明させ，一般的には公聴会という形で一般に公開され幅広く国民の意見が聴取される。公聴会は，基本的には立法を目的にするが，時には問題の解明や問題提起による世論の反応をはかったり，外国政府へ圧力をかけたり，国民の不満を鎮める，いわゆるガス抜きのために開催される。法案が成立するか否かに関係なく，大きな影響を持つ。

　通商政策は自国の利益を実現するものである。しかし，自国の利益とは何か，多様化している。経済活動は，生産者としてあるいは消費者としての立場のどちらの利益を実現するのかが問題である。自由貿易を実現することによって国家の利益が実現できるというのが経済理論の示すところであるため，自由貿易の追求は各国の通商政策の基本原理となる。しかし，現実にはなかなかそうならない。特に生産者は外国からの輸入によって被害をこうむるケースも出てくる。その被害は，自国の輸入競合産業の競争力の低下によってもたらされる場合もあるし，外国の不公正な貿易によってもたらされる場合もある。

第Ⅰ部　米国・中国編

　基本的に，米国の企業は，政府からの関与を嫌い，自由に活動させてくれることを望む。しかし，生産活動の移動できない農業などは国家の政策が重要な意味を持ってくる。また，鉄鋼産業のように巨大な装置産業で，一度設置されると新たな技術革新に早急に対応できず，革新された外国製品に対抗できない産業もある。国内の企業や生産者，あるいは消費者の要求は，議会で大きく反映される。特定の地域や産業を代表し，選出される議員達は利益集団に大きく左右される。議会では，常に選挙民の意見が反映されるような仕組みが作られている。

1-3　外的影響要因

　以上，米国の通商政策の形成を国内からみてきたが，次に規制あるいは促進する外部からの影響要因について考える。

　米国の通商政策には，自国中心で一方的な傾向が見られるが，国益の追求と貿易の自由化は3つのルートを通じて行なわれている。つまり，二国間（バイラテラル），地域間（リージョナル），多国間（マルチラテラル）の方法を選り分けることによって自国の利益を実現しようとしている。

　1990年代に入って，経済のグローバル化が進行して，米国の一極支配ともいえる国際経済体制が構築されてきた。しかし，米国が一方的に自己を押し出すことは難しい。国際的な貿易ルールを無視することはできない。外部からの一番大きな制約あるいは促進要因は，WTO（世界貿易機関）である。自由貿易は　経済理論の上からも，国際的に合意・認知された通商原理である。しかし，これが国益の調整段階では必ずしもうまく機能するとはかぎらない。むしろ反発することで自由貿易を危機におとしめる事態も発生する。こうした事態を回避するのが国際的な法や取決めである。

　WTOは，戦後の自由な国際貿易体制を支えるために1947年設立されたガット（GATT）を発展させて，1995年に国際貿易機関として発足した。ガット・WTOの基本理念は，自由，無差別，多角，互恵であり，その基本原則によって，国際貿易や投資の自由化を進める。また，従来のモノの取引

だけでなく，サービス貿易や直接投資の増大，知的所有権の保護，さらに貿易と競争政策，労働，環境など今後の重要課題に取り組む。同時に市場メカニズムをまもり，有効に機能させるために国際間で合意されたルールをつくり，それが守られているかを見守る役割がある。また各国間では国益が異なるため，当然貿易摩擦・紛争が発生するが，紛争をルールに基づいて解決する，またルールを守らないものに対しては罰則も設けている。つまり，紛争処理を迅速にし，報復措置を設けて処理機能を強化した。

　米国の通商政策の理念はWTOと重なっているが，国内の保護グループの利益と衝突するときもある。国内の保護グループに対抗する力となるのがWTOである。WTOを無視して保護主義を擁護することで自国の利益のみを追求することはできない。

　WTO加盟メンバーは150以上の国と地域からなっているため，相互利益と調整をすすめ合意あるいは進展をはかる度合いは限られたものとなる。合意に達するには時間がかかるし，より大きな自由化を得ることはなかなか難しい。そこで現在では短い時間で幅広い内容で合意できるFTA（自由貿易協定）が，多くの国の間で結ばれている。二国間あるいは複数国で協定を結び，国際取引の自由化を進めていく。米国の代表的な例として，カナダとメキシコの3カ国の地域連携としてNAFTA（北米自由貿易協定）がある。

　国際取引において，外部要因は，米国の通商政策をどのように規制するのであろうか。米国の通商政策は，自国産業を守り，自国の国益を守るという視点からはどうしても保護主義的になりやすい。貿易の利益は広く薄く及ぼされるため，大きな政治パワーとならず，むしろ自由貿易という基本理念が残る。自由貿易主義は，つねに利益を侵害された国内の政治勢力から挑戦を受ける。そのため，外部との国際協定は，保護主義を抑制する外部的な規制要因となる。あるいは，国際公約として，米国の自由貿易主義を促進する要因ともなる。

　以上のように，通商政策は，国内外の政治・経済との非常に複雑な相互関係である。国際市場での自国利益は，国内と他国の政治・経済事情による相

互の協力だけでなく，反発や妥協，利用など相互に働きかけ，また，全般的な国際政治・経済状況や国際協定・契約などの制約などが互いに影響しあう複合的要因によって左右される。

2．共和党・レーガン大統領と民主党・クリントン大統領の通商政策

　共和党のロナルド・レーガン大統領は，1981年から88年まで二期大統領を勤めた。一方，民主党のビル・クリントン大統領は，1993年から2000年まで同じく二期勤めた。両者ともに二期8年勤めたが，所属の党が異なるということと大統領として執務した時代が異なる。レーガン大統領は主に80年代，クリントン大統領は90年代，前者は冷戦の時代で米国の国際競争力が低下したと懸念された時代，後者のクリントン大統領は，冷戦が終了し世界が市場経済によって運営されるグローバル化が実現し，また，IT革命によって米国の経済力が回復し，米国の強大化が実現していく時代である。こうした党派の違いや時代状況相違の中で，両者の通商政策がどのようであったか簡単に振り返ってみる[7]。

2-1　レーガン大統領の通商政策：「公正貿易」と「マルチトラック・アプローチ」

　レーガンとジョージ・H・W・ブッシュ（父）の共和党政権は12年続いたが，自由貿易を主張しながら実際の政策は，むしろ他の政権よりも多くの保護主義的政策を実施した。日米摩擦が激化したのもこの時期である。この背後には，米国経済・産業の競争力の低下と双子の赤字の拡大，特に巨額な貿易赤字の拡大や純債務国への転落など大きな懸念があった。

　レーガン政権の基本的な政策は，強いアメリカの再生であった。そのために，政府規制を緩和し，小さな政府を目指し，減税を行い，民間活力を最大限利用しようとした。市場メカニズムを有効に活用し，経済的な効率性を実現しようとした。そうして，輸入競合産業が競争力を増し，外国製品と十分

競争できるようになり，輸出産業は輸出競争力を増強できるというものであった。一方，冷戦は，軍事費の増大を招き，民間部門の生産活動を圧迫し，消費者価格を押し上げていった。経済政策と安全保障政策はうまく両立せず，その結果は，巨額の財政赤字と貿易赤字という双子の赤字を招く結果になった。

　自由貿易を信奉しながら，結果的には議会の保護主義的圧力にさらされた。1982〜83年にかけて，ローカル・コンテント法案と相互主義法案という保護主義法案が議会に提出された。前者は，米国市場での自動車販売に対して，米国産部品に対し一定の現地調達比率を義務化しようとするもので，後者は，市場開放をしていない国に対して報復を課し，米国製品の市場参入をはたし，輸出を拡大しようとするものである。これらは，立法化はしなかったが，レーガン政権の通商政策に大きな影響を及ぼし，特に，相互主義法案は公正貿易を進める上での背景をなすものであり，彼の任期の後半Ⅱ期目に大きな政策の転換が見られた。

　彼のⅡ期目の1985年には，米国は純債務国に転落し，米国の貿易赤字の是正が強く求められるようになり，ドル高修正に動いた。同年9月のG5（主要先進5カ国）によるプラザ合意である。プラザ合意が行われた翌日23日に米国は新通商政策を発表した。これは，自由貿易は何よりも公正でなければならず，不公正な貿易慣行を認定し，積極的に追及し，是正しようとするものである。米国が，他国の市場開放を促し，輸出増強を図るために，政策として「公正貿易」という概念を明確に打ち出した。

　1970，80年代において，米国経済・産業の競争力は低下し続けたため，輸入被害の救済を目指すセーフガード（緊急輸入制限）の発動を容易にしたり，74年通商法301条「不公正貿易慣行に対する報復措置」をもうけたりと保護主義化は進行していったが，依然としてガットの多角的貿易交渉に期待していた面もあった。しかし，80年代後半に入ると，巨大な貿易赤字を抱えた米国は，「公正貿易」を明確に基本方針にして，輸出の拡大のために貿易相手国に市場開放を迫るために通商法301条を積極的に活用すると表明

した。市場開放を進めるために，「フェア」か「アンフェア」か米国が一方的に判断するというもので，ユニラテラリズム（一方主義）を強く打ち出したともいえる。そして，通商法301条はスーパー301条「不公正貿易国・行為の特定と制裁」とより強硬になり日米間の貿易摩擦が激化していた。

米国の経済・産業の国際競争力を強化し，米国産業の利益を守るために，不公正貿易慣行を行っている外国に対しては報復を辞さないという相互主義に基づく公正貿易を主張し，一方では，アンチ・ダンピング法や相殺関税法の改正，知的所有権の保護強化，セーフガードの発動の容易化など輸入被害産業の救済をおこない，輸出産業では教育や訓練などの援助によって輸出の促進も図った。それは，1988年包括通商・競争力法として成立した。当法の特徴は，東芝条項のような日本をターゲットにした制裁や報復条項が目に付くが，確実に保護主義的傾向が強まっている。

「新通商政策」以降，米国の通商政策は，日米間などのバイラテラリズム（二国間主義），NAFTAなどリージョナリズム（地域主義），ガットのマルチラテラリズム（多角主義），そしてグローバリズム（世界主義）と使えるチャンネルは何で使う，いわゆる「マルチトラック・アプローチ」といわれる方法を状況に応じてとりながら，米国経済・産業の競争力を強化し，米国の国益を確保しようするようになった。

2-2　クリントン大統領の通商政策：レーガン政策の継承と変化

レーガン大統領の通商政策は，民主党のクリントン政権になっても引き継がれた。クリントンは1992年の選挙キャンペーンの時，対日市場開放政策の強化，雇用のメキシコへの流出や安いメキシコ製品の流入などによる雇用への悪影響を懸念しNAFTAの見直し，また，ウルグアイ・ラウンドの先送りなどより保護主義的な主張を訴え，保護貿易・管理貿易が懸念された。

クリントン政権はソ連が崩壊し東西対立・冷戦が終了した国際政治体制の1993年1月に発足したため，政策の中心は国際政治・安全保障から経済にシフトした。自国の経済的覇権のためには，自国経済の競争力を強化し，自

国の経済成長と雇用の確保，そしてそのために輸出の拡大を必要とするもので，経済を安全保障の中心におく経済安全保障を掲げ，自国の対外経済政策の調整と立案を受け持つ国家経済会議（NEC：National Economic Council）を設けた。自国利益を最優先させるアメリカ・ファースト（米国優先主義）を掲げ，米国経済の強化を目指した。1994年3月には期限2年ではあるがスーパー301条を復活させるなど，対日要求は，より強硬になり，数値目標を掲げ，結果を重視する管理貿易に傾斜していった。

　しかし，保護主義を強化するようにみえたクリントンの主張は当選後変化し始めた。NAFTA見直しの公約にもかかわらず，労働組合や環境保護団体を説得する材料として環境や労働条件を組み込んで，1994年にはNAFTAを批准した。また，米産業の競争力復活を背景に，サービス貿易や知的所有権の強化などでウルグアイ・ラウンド交渉を主導し，95年にはWTOを成立させた。日米関係も，米国経済の好況に伴い，95年の日米自動車・同部品交渉，96年の日米半導体交渉の決着後，摩擦は沈静化し，第Ⅱ期クリントン政権になると，保護貿易化するというよりWTOやAPEC（アジア太平洋経済協力会議）へ積極的に係わるなど自由化を積極的に推進する対応に変わってきた。

　第Ⅰ期クリントン政権のときは，対日通商政策では，市場開放を進めるために数値目標を設定し，管理貿易化し，より強硬になったが，1995～96年頃から日米摩擦は沈静化した。第Ⅱ期クリントン政権は，米国経済の好調により，自由貿易的政策を進めていった。米国経済は，91年以来，拡大の一途をたどり，その好調さは，95年頃には確信されるようになった。冷戦の終了によるグローバルな市場経済の確立やIT革命による米国は好景気を謳歌することになった。また，NAFTAの成立や翌年のWTOの成立は，米国主導のグローバル化を予見させるものであった。NAFTAは92年マーストリヒト条約に基づくEUに対抗する地域連携として，さらに，南北アメリカ大陸に自由貿易を実現するFTAA（米州自由貿易地域）も展望するものである。またAPECでも積極的に指導権を取ろうとしている。

ウルグアイ・ラウンドは必ずしも米国を満足させるものではなかったが，国際機関としてのWTOを成立させ，サービス貿易，知的所有権（TRIPs），貿易関連投資措置（TRIM）など先進国中心あるいは米国の競争力のある分野の通商ルールの形成も進み始めた。そして，クリントン政権は，中国のWTO加盟を推進したり，新ラウンドの立ち上げに積極的に関与するなど自由貿易的姿勢を強めていった。

共和党のレーガン大統領のとき，米国は社会主義国ソ連に対抗し強く自由貿易を主張したにもかかわらず，実態は保護主義化した。1974年通商法301条やそれを強化したスーパー301条を持ち出し，公正貿易を主張し，米国の利益確保のために保護貿易的手段をとった。米国は財政赤字と貿易赤字の双子の赤字が大きな問題となり，特に貿易赤字は，ジャパン・アズ・ナンバーワンと言われるまでになった日本への対抗関係から，日米間の貿易摩擦は激化し，大きな国際問題に発展していった。

レーガン・ブッシュ（父）共和党政権の通商政策を民主党クリントン政権は継承した。しかし，民主党クリントン政権は，自由貿易的傾向を強め始めた。米国の政権の姿勢を決めるのは，党派ではなく，時の経済・景気が大きく影響を及ぼしている。民主党と共和党の政策的な違いはあまりないといえる。また，冷戦終了後は，イデオロギー上の政治が終わり，地球規模の市場経済が世界経済を均一化させ，経済を中心とする現実主義が主流となった。こうした構造変化が民主党と共和党の違いを均し，両党の通商政策をめぐる対立軸を曖昧にしている。違いを生み出したのは，米国の経済・産業の国際競争力の低下が問題にされた1980年代と冷戦の終結とIT革命によって強大な国に米国が復活した90年代という時代背景が大きく影響しているといえる。

図表 2-1 米国の通商政策（日米関係を中心に）の動向

レーガンⅠ期 共和党 1981〜84年	・双子の赤字（財政赤字と貿易赤字）の拡大，保護主義的傾向強まる ・82年自動車輸出自主規制
レーガンⅡ期 共和党 1985〜88年	・85年MOSS（市場重視型個別）協議開始 ・85年プラザ合意（ドル高是正と内需拡大要求） ・85年新通商政策（公正貿易を主張―74年通商法301条を活用） ・ジャパン・バッシング強まる―半導体（85年），建設（86年），金融（87年），東芝機械ココム違反（87年）など通商摩擦 ・86年ウルグアイ・ラウンド開始 ・88年包括通商・競争力法成立（スーパー301条の創設）
ブッシュ(父)Ⅰ期 共和党 1989〜92年	・市場開放に積極的に88年包括通商・競争力法を運用 ・89年日米構造協議 ・対日輸入拡大要求
クリントンⅠ期 民主党 1993〜96年	・数値目標，結果重視の管理貿易の傾向強まる ・戦略的貿易政策 ・93年包括経済協議 ・93年APECシアトル会議，積極的に加わる ・94年NAFTA成立 ・95年WTO成立 ・95年自動車・同部品交渉終結 ・96年半導体交渉終結，以後日米摩擦鎮静化
クリントンⅡ期 民主党 1997〜2000年	・グローバル化の進展と懸念 ・97年アジア通貨・金融危機 ・中国のWTO加盟推進 ・98年クリントン中国訪問，99年中国のWTO加盟米中合意

(出所) 世界史年表や新聞記事等を参考に筆者作成。

3. 選挙と通商政策

3-1 2002年米国中間選挙：米国の鉄鋼製品セーフガード適用とWTO

ジョージ・W・ブッシュ（子）政権の2002年中間選挙をにらんだ米国の通商政策の緊急課題として，鉄鋼製品へのセーフガード適用がある。これをケース・スタディーとして取り上げ，国家と外的影響要因について考えてみる[8]。

2002年3月5日，米国が鉄鋼製品のセーフガード（緊急輸入制限）発動を決めた。米国の鉄鋼産業は1990年代の競争力強化に取り残された業績不振の産業で，世界中から安い輸入製品が流入し脅威をうけてきた。そこで冷延鋼板や厚板など鉄鋼製品主要14品目に8～30％の関税を上乗せして賦課し，輸入を制限し，国内産業の被害を抑えようとした。発動期間は3年である。

これに対してEUは反発し，WTOに提訴することを表明した。EUの対抗措置は，WTOの紛争処理機関で米国の不当性を認定してもらう，さらに欧州産業への被害補償の要求，そしてWTOで勝訴し，米国が発動を継続すれば報復措置を発動するというものである。日本も米国の発動はWTO協定違反として，同様にWTOに提訴する方針である。

実際，3月20日の米国のセーフガードの発動にたいして，日本，EU，韓国，中国，スイス，ノルウエーの6カ国・地域がWTOに提訴した。WTOは，セーフガードを4年を限度に認めているが，その発動条件を厳しくして，当該製品の輸入の増加や国内の関連産業の著しい被害の条件が求められる。しかし，米国では近年鉄鋼の輸入が増加しておらずこうした条件が満たされていないとして訴えた。ここで問題となるのは，WTOへの提訴は，米国の保護主義を抑制するのに役立つかということである。

WTOは，6月3日，EUの要請を受け，米国の鉄鋼セーフガードの是非を論議するパネル（紛争処理小委員会）の設置を決めた。日本と韓国の要請のパネルは14日に設置を決定し，その後24日，中国，スイス，ノルウェーの

3国要請のパネルと合わせて6カ国統合のパネルで，米国のセーフガードがWTO協定に違反しているかの審理に入ることになった。

　WTOのパネルでの決定を無視することはできないが，問題は，WTOの裁定には時間がかかることである。当事者間の協議が不調に終わった場合，パネルでの審理と裁定には1年近くかかるし，上級委員会にまで争われるとさらに時間がかかる。もし，どちらも妥協しない時は，提訴から最終的な結論までに2年前後かかる。その期間米国は関税を賦課して輸入制限でき，鉄鋼産業の保護を続けられる。実際，米国の3，4，5月の鉄鋼輸入量は前月比で，それぞれ35.1％，13.7％，10.9％と減少している。また，目的が単なる国内の選挙対策で選挙民へのアピールであり時間稼ぎと考えると，目的は達していることになる。

　しかし，米国のセーフガード発動に対して，対抗措置をとることも可能である。米国のセーフガードは不当であるとして，鉄鋼の関税引上げの見返りに米国の他の製品の関税を引き下げるか，それがないときは関税を課すという対抗措置をとる。これは厳しい通商摩擦に発展する可能性が大きくなる。実際，EUは，3月27日，米国への対抗措置として6ヶ月間の暫定的なセーフガードを発動すると発表した。日本も対抗措置の内容を5月17日WTOに通報し，米国との交渉が決裂したときは1ヶ月後に発動するとしている。

　こうした報復措置にたいして，米政府は，6月7日セーフガード発動対象から61品目（対象品目の1％）を除外すると発表した。除外品目は欧州からのもので日本の品目は対象になっておらず，欧州の報復関税の発動を回避するのが目的と思われる。一方，日本政府は，6月13日，具体的な除外品目は挙がっていないが，米国の発動品目除外の追加の拡大など譲歩の姿勢をうけて，6月18日から発動予定の報復関税の延期をきめた。

　6月17日，米国はセーフガード適用の47品目の除外を追加し，日本対象は9品目である。欧州は，6月21日，適用除外品目を大幅に追加すれば対米報復関税を見送る方針を示唆した。6月24日，米政府はセーフガード適用除外116品目を追加した。そのうち日本向けは68品目である。6月に

第Ⅰ部　米国・中国編

入ってから3度目の適用除外品目を追加したことになり，報復関税発動の回避の方向が決まり，通商摩擦の沈静化に動いていった。こうした流れは米国が報復関税あるいは通商摩擦を回避するために譲歩するという交渉力学もあるが，米国内の一部の鉄鋼製品がセーフガード適用により値上がりを始め，米国景気に影響を及ぼし始めたという事情も無視できない。

現在の世界の鉄鋼産業は過剰な生産設備を持ち供給過剰に陥っている。そこで米国で鉄鋼が輸入制限されると，市場を失った過剰な鉄鋼が市場を求めてアジアや欧州に流入する懸念が大きい。流入先でも自国の鉄鋼産業を守るためにセーフガードを発動することになり，保護が保護を呼ぶことになり，全世界での保護主義が問題になる。実際自国の産業を保護するために，EUでも対抗措置がとられ，中国でも5月24日からセーフガードを発動することを表明した。

2002年11月に中間選挙が行なわれる米国の政治家にとってみると最大の関心事は選挙に当選することであり，選挙民の意向を，特に政治的に強いパワーを持っている勢力は，無視することはできない。国際競争力の低下がみられ，輸入品に攻勢を受けている産業で，強い組織力を持っていると，議員を動かしやすい。外国との競争が厳しく経営不振に陥っている産業はその痛みゆえに政治化しやすい。一方，自由貿易から利益を得て，外国製品を入手できる層は，政治勢力としては大きくならない。利益が広く薄く及ぼされるため，大きな政治的な団結や声にならない。

ペンシルベニア州やウエストバージニア州は米国を代表する鉄鋼産業に大きく依存する州であるが，国政選挙を左右する大きな州でもある。「鉄は国家なり」の時代から国との強い繋がりを持つ業界でもあり，また強い労働組合の存在は大きな組織票をもつ。これら組織は民主党を基本基盤としており，共和党のブッシュ大統領としては，伯仲する議会運営の面からもまた2002年秋に行なわれる中間選挙においても，民主党寄りの政治パワーである鉄鋼産業・労組をなるべく自党に引き付けておきたいとの思惑も大きい。

鉄鋼産業は，巨大な装置を必要とするものであり，一度設置してしまうと

第2章　米国通商政策の形成メカニズム

簡単に破棄することはできない。後から高度の技術をもつ鉄鋼設備を設置した国に遅れをとってしまう。また多くの雇用も抱えているため政治的パワーも持ちやすい。そのため，経済的な不況時には，倒産・失業という懸念も大きくなり，影響力を行使し，保護主義傾向を助長することになる。

今回の米国の保護主義的な措置は他国の報復的な措置を招く。それは相互の保護主義的な対応で世界の自由貿易を危機に陥れる。こうした米国の保護主義措置に対して国際的見地からチェックし，自由貿易を守る機関としてWTOは大きな役割を担っている。米国は，2000年2月に石油・ガスのパイプラインに使用する特殊鋼管である溶接ラインパイプのセーフガード発動を決めたが，韓国からのWTO協定違反の訴えに対して，WTO紛争処理委員会は米国の違反と判断し米国の敗訴が決定した。これまで行われたセーフガード訴訟で米国は三連敗している。今回の提訴も，米国の輸入量が98年以降減少しているので，米国鉄鋼産業の不振は輸入によるのではなく，競争力の低下が原因で，WTO協定違反の色彩が濃いといわれている。

しかし，既に述べたように，セーフガードの適用の意図は，必ずしも経済的なものだけとは限らない。今回の米国のケースは，2002年秋に行なわれる中間選挙を有利に進めるための共和党の選挙対策との面も大きい。法律は恣意的に使われる傾向がある。いかに使うかが問題であり，法を通商政策や国内政治に利用することもできる。時間稼ぎや外国への圧力として利用できる。同じような対応は，日本でも行なわれた。ネギ，生シイタケ，イグサに対して日本で初めて暫定的なセーフガードが適用されたが，これも国内選挙用の対応の側面が大きかった。

米国の保護主義化の動きは，中間選挙対策を背景にして強まった。鉄鋼製品のセーフガードに引き続いて，農業の保護の強化を目的に農業補助金を大幅に増やす新農業法の可決，カナダの木材に対する関税の引上げなど，国内の競争力の弱い産業を保護する動きが強まっている。また，ブッシュ大統領が保護主義的な対応を取ったのには，新ラウンド交渉を進める上で，通商交渉での一括交渉権限（ファーストトラック）を議会から承認を得るために，

保護主義化している議会に妥協したとの意見（一面）もあるかもしれない。

一方，米国の保護主義傾向は，ITバブルがはじけ，経済的な見通しに不透明感がでてきて，曲がり角に来ていることをも意味する。また繁栄を享受してきた層とあまり恩恵を受けていない分野の格差が広がっている。鉄鋼や農業のようにITによる経済的繁栄から取り残された産業では，中間選挙を契機に不満が噴出している。

冷戦後の10年間一極支配ともいえる経済的繁栄を築いた米国が，短期的視点により一時的であれ国内優先策をとることは今後大きな影響を及ぼすことは確実である。特に21世紀に入り初めて新たな多角的な通商交渉を開始しようとしているとき国内優先的な保護主義をとることは，資本主義のリーダーとしての米国に対する不信感とも相俟って，新ラウンド交渉の進展を遅らせる要因になる。

国益をめぐる通商紛争は避けて通ることはできない。認識の違いということもある。それを国際的に決着する場としてWTOがある。長期的視点から米国の通商政策に影響を及ぼすことは確かであるが，短期的にはどうか，現在の時点では，WTOがいかに機能するかまだ十分に実証されていない。しかし，米国のような大国が利己的行動を強行するとWTOを形骸化することにもなる懸念も大きい。

3-2　2004年大統領選挙：ブッシュ（子）対ケリーの通商政策

2004年の大統領選挙において，ジョン・F・ケリーが民主党の大統領候補に指名され，共和党ブッシュ大統領との一騎打ちの大統領選挙がはじまった。国際政治において，ブッシュの単独行動主義に対して国際協調を主張するケリーではあるが，テロとの戦いに対する強い態度はブッシュと同じである。経済でも，ケリーは中間層の支持を獲得しようとして中間層に有利な減税を主張するが，大きなインパクトを与えているようには思われない。

では，通商政策で民主党と共和党の違いがでているだろうか。

民主党はリベラル派で，労働組合やマイノリティ，貧困層など弱者の保護

や社会福祉の充実を唱え，通商政策では保護主義的な傾向が強い。一方，共和党は，保守的といわれ，小さな政府や規制緩和，市場経済の機能を発揮させるために自由な経済活動を重視し，通商政策は自由貿易的である。支持基盤は企業・産業界や比較的裕福層である。

　今回のケリーの主張は民主党の伝統を守り労働組合や環境保護主義団体に配慮して保護主義的である。これは，選挙向けに対立軸を作ったということなのか，それとも，ケリーが当選した暁に，保護主義的政策が実行されるのだろうか。

　米国はナンバーワンでなければならない。経済の競争力が低下すると，国内経済の回復と競争力強化を優先するアメリカ・ファースト（米国優先主義）が取られる。景気が悪くなり雇用に問題が起こると，保護主義化する。とくに，選挙のときは，通商問題が雇用に影響を及ぼし，レイオフ・失業など社会問題になり，大きな争点となる。

　米国は，第2次世界大戦後，自由貿易は金科玉条であって取り下げることはない。そして，民主党が政権をとっても，その通商政策が現在と大きく異なることはない。しかし，米国の経済や政治の状況がどうなのかによって，政権の対応は，保護主義的になったり，自由貿易的なったりしている。

　共和党のブッシュ（子）は2002年の中間選挙のとき，選挙目的と思われるような鉄鋼メーカーに配慮した保護主義的セーフガードを発動した。それは実際，WTOの紛争処理委員会に持ち込まれ米国敗訴となり撤回せざるを得なくなっている。

　ブッシュにしても，ケリーにしても，アメリカ・ファーストであり，自国の国益を第一に考えている。すでに述べたように，共和党のレーガンのとき日米摩擦はもっとも激化し，民主党のクリントンのとき日米摩擦は沈静化している。党派の性格ではなく，米国の経済状況である。

　米国の通商政策は，雇用の確保と創出，輸出の拡大である。21世紀に入った現在，地球規模の市場経済が進行するグローバル化を押し留めることはできない以上，その中でいかに自国の経済的利益を確保するかが問われる。

第Ⅰ部　米国・中国編

　米国の経済や景気にたいして議会がもっとも敏感に反応する。議会がどのようなロビー活動・圧力をうけ，法案を提出し議論するかが問題である。議会は，選挙民の動向を反映させなければならない。議員にとって選挙は最大の関心事ある。米国経済が不透明になり景気が落ち込むと，それは強い保護要求となり政府を突き上げる。雇用の確保や輸出の拡大，相手先の市場開放要求の強まりとなっていく。

　結局，米国は，国際経済体制のもとで自由貿易を進めるということが米国の利益であるという方針を持っているが，通商政策が，米国の国内問題であり，景気や雇用に大きく影響されるため，悪化すれば保護主義的対応が強まり，よくなれば，通商はそれほど重要でなくなり，大きな論点にはならない。繰り返すと，米国の通商政策およびその実行性は，米国の経済状況，景気が大きく影響する。

　ケリーの通商政策は，米国の雇用を重視し，アンチ・ダンピング法やセーフガードを積極的に活用，そして日本の自動車市場や中国のハイテク市場の

図表 2-2　2004年大統領選挙：ブッシュ（子）対ケリーの通商政策

ブッシュ(子)Ⅰ期 共和党 2001～04年	・01年米州自由貿易地域（FTAA）を05年までに発足に合意（FTA重視へ） ・01年中国のWTO加盟 ・02年中間選挙時，保護主義的鉄鋼セーフガードを発動 ・04年WTO新ラウンド枠組み合意（論点先送り，見通し不透明）
ケリー大統領候補 民主党 2004年	＊政策綱領より ・通商政策の比重小さい（経済関係6ページのうち通商半ページ） ・労働や環境基準を通商政策に盛り込むため既存の条約見直し ・貿易障壁（日本の自動車市場，中国のハイテク製品市場）の除去，通商法301条の活用，スーパー301条の復活も辞さず

（出所）世界史年表や新聞記事等を参考に筆者作成。

閉鎖性を取り上げている。市場開放と輸出拡大のために，通商法301条の適用をためらわないし，スーパー301条を復活させるとも言っている。

　大統領選は，候補者間の通商政策の違いを明らかにするが，有権者の得票のために，米国経済，とくに雇用との関係から通商を関係付ける。自国の雇用を作り出したり，あるいは保護できる通商政策は何かということである。自由な貿易が国内の雇用や経済のプラスになっているかどうかが論点となる。たとえば，今回のブッシュ対ケリーでは，共和党は，米国製品の輸出促進に自由貿易協定の推進をあげ，また海外との競争に備え労働者の技術向上のための教育・職業訓練を訴え，自由貿易的政策を主張する。民主党は，雇用の拡大につながる通商政策や自由貿易の雇用へ与えるマイナスの影響に注目し，スーパー301条やアンチ・ダンピング法の活用などを辞さないとしている。また，オフショアリングのように雇用を海外に流出させている企業の優遇税制を廃止し，国内に雇用を作り出す企業にたいして減税を拡充するとしている。しかし，海外への雇用の流出は必ずしも優遇税制があるからそうなっているのではないし，減税を行ったから国内で雇用が確保されるとも限らない。グローバル化に逆行しているようにも思われる。

　ケリーの政策綱領からスーパー301条の復活も辞さないで市場開放を進めるとしており保護主義的傾向が強まることが懸念されているが，対日関係では，車検制度など自動車市場の障壁除去のみが取り上げられているが，自動車産業・自動車労組のロビー活動あるいは資金援助が強い結果であろう。

おわりに

　米国の通商政策に，環境や労働といったどちらかというと，従来，経済とあまり関係ないと考えられていた分野がでてきている。大統領選挙でもWTO交渉でも，徐々に重要な課題となりつつあることは確かであるが，労働組合が問題にする通商における環境や労働は雇用と関連しており，環境の悪化や人権が侵害されるような劣悪な労働条件の国で製造される安価な製品は，環境規制も厳しく労働条件の良好な先進国の雇用を奪う恐れがあるから

規制すべきであるということである。

　しかし，米国は環境も労働も自国の都合によって変化する。発展途上国の発展段階や所得水準を考慮しないで労働条件を問題にしてもあまり意味がないし，環境問題が，米国の景気に悪影響を及ぼすと思えば，京都議定書も無視する。米国の利益にならないと考えているからである。民主党であっても，共和党であっても，米国の基本は米国の利益になるかどうかで判断している。現在，世界同時不況に突入しつつあり，米国経済が不透明になり，余裕がなくなり不寛容になると，利己的な一方主義が強まり，米国自身が，グローバル化を見直し始めるかもしれない。

　今後，米国の双子の赤字，特に対中貿易赤字の拡大は，1980年代から90年代初めの対日貿易摩擦の激化を思い出させる。これから対中関係が大きな問題になり，とくに，人民元切上げや市場開放の要求は強まり，知的所有権保護や中国のダンピング輸出などの問題も予想される。

　米国の対応は，プラグマチックで現実的である。アメリカ・ファースト（米国優先主義）を取り，マルチトラック・アプローチにより何でもありの政策を取るであろう。そして，「訴訟社会」米国は，通商問題で「公正貿易」を前面に出し，自国の通商法をマルチ・リーガル・ハラスメント（法的嫌がらせ）とも思えるくらい頻繁に利用するかもしれない。そのとき，米国の保護主義的動きを規制できるかは，WTOの紛争処理機能がどれだけ有効に作用するかにかかる。しかし，現在の新ラウンドのように途上国の主張が強くなり，むしろ開発や援助の問題が大きくなり，WTO本来の貿易と資本の自由化が進展しなくなると米国にとってWTOメンバーでいることの意義が薄くなる可能性もある。

　グローバルな市場経済の下では，自由な競争は不可欠なものであり，自由貿易が前提となる。しかし，所得格差の拡大や強者・富者の優遇が米国一国だけの問題ではなく，地球規模の問題となっている。経済格差や分配の問題など自由貿易のセーフティネットの機能をいかに確保するかなどが重要になり，米国が本当に開放的な国際経済体制を担う経済力あるいはリーダーシッ

プを今後とも持てるのかどうかが課題となる。

　最後に，今後の米国の対東アジア通商政策を考えてみる。影響を与える要因として，米国と日本，中国の政治・経済状態，それに中国や北朝鮮など東アジアの政治・安全保障を含めた東アジア情勢が考えられる。2001年の9.11同時多発テロ以降，安全保障が大きな比重を占めてきた。特に，不安定な北朝鮮の動向が大きく作用する。また，大国化した中国の政治・経済動向も目が離せない。今後日米通商関係を考える上で，国際政治・安全保障を中心とする日米同盟関係は欠かせないと考えられる。

　今後の米国の通商政策の現実的シナリオは，米国経済動向如何であり，対中国が中心になる。米国経済は本当に悪化していくか，どの程度悪化するのか。それとも回復していくのか。中国経済は，北京オリンピック以降どのように変化するか。日・米・中・ASEANの経済的相互依存関係が進展する中で，東アジア情勢はどのように展開するのか。いろいろな条件が影響を与える。

注

1) 「通商」と「貿易」の用語は，辞書では，ほぼ同じ意味に定義されているが，「通商」には古い語感がある。日本では通商産業省は経済産業省に変更されたが，白書は「通商白書」のままである。通商白書は，「貿易」のみならず企業の国内外の経済活動から環境などに至るまで多様なテーマを取り上げている。また，米国でも同種の官庁に米国通商代表部や商務省があることから，本書では，幅広いテーマを扱う意味で「通商」を使用している。しかし，時には，「貿易」の言葉のほうが一般的に馴染みやすいときもあり「貿易」の用語も使用している。
2) 秋山（1994），19〜36頁。
3) Allen Schick ed.（1983），p.158.
4) 秋山（1994），9〜19頁，東（1984），第三章を参照。
5) 松下（1983），9頁。
6) 幸田（1985）参照のこと。
7) 秋山（1994），28〜36頁。
8) 参考資料として『日本経済新聞』『朝日新聞』を参照。

参考文献

Lenway, Stfanie Ann（1985），*The Politics of U.S. International Trade*, Pitman.

第Ⅰ部　米国・中国編

Schick, Allen ed.（1983）, *Making Economic Policy in Congress*, American Economic Institute for Public Policy Research.
秋山憲治（1994）『日米通商摩擦の研究』同文舘出版。
秋山憲治（1998）『貿易政策と国際通商関係』同文舘出版。
米国下院歳入委員会編（福島栄一監訳）（1987）『米国の通商関連法』日本貿易振興会。
東　力（1984）『貿易摩擦のメカニズム』東洋堂企画出版社。
幸田，ヘンリー（1985）『ITC（国際貿易委員会）の解説』発明協会。
行天豊雄・黒田眞編（1992）『日米経済問題100のキーワード』有斐閣。
松下満雄（2001）『国際経済法（第3版）』有斐閣。
松下満雄（1983）『日米通商摩擦の法的争点』有斐閣。
宮里政玄（1989）『米国通商代表部（USTR）』ジャパンタイムズ。
「特集　米国の対外通商政策」『ジェトロセンサー』2002年2月号。
『日本経済新聞』『朝日新聞』他。

第3章

1990年代の米国の対中通商政策と中国の対応

はじめに

　米国の対東アジア通商問題は，1990年代になると，徐々にジャパン・パッシング（日本素通り）となり，その関心は中国に向いていった。

　その理由は，1980年代と異なり，日本経済が元気を失い景気が後退してきたのに対し，米国の国際競争力は回復し，90年代の後半には日米間の経済の逆転が明らかになり，日米摩擦の焦点がぼやけ始めたからである。一方，中国では79年の改革・開放政策以来，外資導入と輸出の拡大で高い経済成長をとげ，とくに，92年の社会主義市場経済の採用により全面的な開放段階にいたり，中国市場の巨大さや潜在力が注目されはじめた。

　米中関係については，台湾問題や日米安保などの関係から政治・安全保障の面より論じられることが多いが，冷戦が終了し，経済のグローバリゼーションが進行している現在，米中経済関係という視点が必要とされる。本章は，1990年代の米中通商関係を米国の対中通商政策，とくに市場開放という観点から論じるものである。

1. 米中通商関係の現状

米中の貿易・直接投資関係は、中国の改革・開放政策の実施と米中国交正常化がなされた1979年以来、発展を遂げている。とくに、92年社会主義市場経済が採用され、価格メカニズムが経済運営の基本原理になってから中国の全面開放が行われ急速に進展している。

まず米中間の貿易を見てみよう。図表3-1からわかるように、中国の対米輸出入総額は、中国通関統計[1]で97年には489.9億ドルになり、中国の貿易総額の15.1%をしめ、前年度比伸び率は14.3%である。全面的開放の始まった前年の91年と比較すると3.5倍に拡大している（ちなみに、米国側統計では3.0倍の拡大）。対米輸出は327.0億ドルでシェア17.9%、前年度比伸び率22.5%となり、はじめて対日輸出を追い越し香港に次ぐ額になった。91年と比較すると5.3倍の拡大である（米国側統計では3.0倍の拡大）。対米輸入は日本、台湾に次ぐ163.0億ドルでシェア11.6%、前年度比伸び率0.8%である。91年比較では、2.0倍拡大している（米国側統計でも2.0倍の拡大）。

貿易収支は、中国側統計で1993年以来、米国側統計で83年以来米国の対中赤字が続いている。90年代に入り米国の対中赤字は、急速に拡大し、97年には、米中両国の統計とも、過去最大の赤字幅を記録している。中国側統計で164億ドルの赤字で、それは赤字に転化した93年の2.6倍、また米国側統計では497.5億ドルの赤字であり、91年比較で3.9倍の拡大である。

米国の貿易赤字全体のなかで対中赤字の占める割合は、年々拡大しており1997年は27.4%となっている（米国側統計）。米商務省の発表によると、1996年6月に、単月ではあるが対中貿易赤字が初めて対日赤字をぬいて貿易相手国のなかで最大となった。中国からの輸入が増加し、対中輸出が減少したため前月比8.8%増の33億2900万ドルの赤字となり、赤字全体にしめる割合は27.2%である。図表3-2からわかるように、米国の対日赤字と対中赤字の差をみると、95年が253億ドル、96年が81億ドル、97年

第3章　1990年代の米国の対中通商政策と中国の対応

が64億ドルとだんだん狭まっている。なお，2000年には，対中赤字は対日赤字を上回り，その後その差は拡大している。また，米日と米中の貿易総額に占める赤字の割合を米国側統計でみると，日本の30％にたいし中国は66％もあり，不均衡度合いは中国の方が大きい。米国の巨額な貿易赤字の原因として，米中間の貿易構造が米国の対中輸入が中心となっているためであり，一方，米国からの輸出の低迷や中国へ原子力やミサイルなど戦略物資の輸出規制もあり，また中国の輸入規制や障壁といった市場の閉鎖性も問題にされる。

図表 3-1　米中貿易取引の推移　　（単位：億ドル）

年次	中国側統計				米国側統計			
	総額	対米輸出	対米輸入	バランス	総額	対中輸入	対中輸出	バランス
90年	117.7	51.8	65.9	-14.1	200.5	152.4	48.1	-104.3
91年	141.6	61.6	80.1	-18.5	252.5	189.7	62.8	-126.9
92年	174.9	85.9	89.0	-3.1	331.5	257.3	74.2	-183.1
93年	276.5	169.6	106.9	62.7	403.0	315.4	87.6	-227.8
94年	353.5	214.6	138.9	75.7	480.7	387.8	92.9	-294.9
95年	408.3	247.1	161.2	85.9	572.9	455.4	117.5	-337.9
96年	428.4	266.9	161.6	105.3	634.8	515.0	119.8	-395.2
97年	489.9	327.0	163.0	164.0	753.5	625.5	128.0	-497.5

（出所）『中国統計年鑑』，『中国海関統計』，米国商務省データ。

図表 3-2　米国の貿易赤字上位五カ国　　（単位：100万ドル）

国	1990	1991	1992	1993	1994	1995	1996	1997
日本	-41,105	-43,385	-49,601	-59,355	-65,668	-59,137	-47,580	-56,115
中国	-10,431	-12,691	-18,309	-22,777	-29,505	-33,790	-36,520	-49,696
カナダ	-7,706	-5,914	-8,036	-10,772	-13,967	-17,144	-21,682	-16,434
ドイツ	-9,402	-4,384	-7,572	-9,630	-12,515	-14,450	-15,450	-18,664
メキシコ	-1,878	2,148	5,381	1,664	1,350	-15,809	-17,506	-14,550

（出所）U. S. Department of Commerce, *U. S. Foreign Trade Highlights 1996*.
　　　日本貿易振興会『1998ジェトロ白書貿易編　世界と日本の貿易』，1998年10月より作成。

図表 3-3　主要国・地域の対中直接投資　　　（単位：万ドル

	1991			1992			1993		
	契約ベース		実行ベース	契約ベース		実行ベース	契約ベース		実行ベース
	件数	金額		件数	金額		件数	金額	
日　　本	599	81,220	53,250	1,805	217,253	70,983	3,488	296,047	132,4
香港・マカオ	8,879	750,729	248,687	31,892	4,153,112	770,907	50,858	7,675,318	1,786,1
台　　湾	1,735	138,852	46,641	6,430	554,335	105,050	10,948	996,487	313,8
韓　　国	230	13,748	3,960	650	41,701	11,948	1,748	155,669	37,3
シンガポール	169	15,521	5,821	742	99,655	12,231	1,751	295,420	49,0
ド イ ツ	24	55,805	16,112	130	12,986	8,857	320	24,938	5,6
フランス	24	1,019	988	140	28,862	4,493	305	23,623	14,1
英　　国	36	13,197	3,539	126	28,654	3,833	348	198,832	22,0
米　　国	694	54,808	32,320	3,265	312,125	51,105	6,750	681,275	206,3
合　　計（その他を含む）	12,978	1,197,682	436,634	48,764	5,812,351	1,100,751	83,437	11,143,566	2,751,4

（資料）『中国対外経済貿易年鑑』各年版，中国対外貿易経済合作部発表資料。
（出所）日本貿易振興会・海外経済情報センター『中国データ・ファイル'98』1998年3月より作成。

　米国の対中赤字の増大は，米国の対中市場開放要求がますます強くなり，中国のWTO加盟・市場開放と関連しながら重要な摩擦要因になることを意味する。

　世界の対中直接投資は，契約ベースで件数・金額とも1991年から急激に増加して，93年にピークになったが，その後減少傾向をとっている。実行ベースでは毎年堅実に増加している。米国の対中直接投資は1979年の改革・開放以来着実に進んでいる。とくに，図表3-3からわかるように，90年代に入ってからコンスタントに実績を積み重ねている。1996年には，契約ベースで2517件（外資全体の10.3％），金額で69億1576万ドル（外資全体の9.4％），また実行ベースでは，34億4333万ドル（同8.3％）となっている。これは，香港・マカオ，台湾の華人資本を別格とすれば，米国は日本と比較して契約ベースで件数，金額とも多いが，実行ベースでは日本を少し下回っている。表にはないが，アジアの通貨危機が起こった1997年は，

	1994			1995			1996		
	契約ベース		実行ベース	契約ベース		実行ベース	契約ベース		実行ベース
	件数	金額	金額	件数	金額	金額	件数	金額	金額
	3,018	444,029	207,529	2,946	758,300	310,846	1,742	513,068	367,935
	5,527	4,721,763	2,017,481	17,685	4,192,800	2,050,019	10,682	2,845,045	2,125,771
	6,247	539,488	339,104	4,847	577,700	316,155	3,184	514,098	347,484
	1,849	180,626	72,283	1,975	295,900	104,289	1,895	423,646	135,752
	1,443	377,796	117,961	1,279	866,575	185,122	851	631,440	224,356
	314	123,314	25,899	335	165,963	38,635	256	99,809	51,831
	226	24,813	19,204	183	64,242	28,702	171	123,539	42,375
	390	274,838	68,884	457	357,723	91,414	326	254,238	130,073
	4,223	601,018	249,080	3,474	747,113	308,301	2,517	691,576	344,333
	7,549	8,267,977	3,376,650	37,011	9,028,800	3,752,053	24,556	7,327,642	4,172,552

大幅に対中直接投資が減少（契約ベースで96年の733億ドルから510億ドルへ，実行ベースでは421億ドルから453億ドルと若干増加）したが，米国は契約ベースで，日本や韓国が対中投資を急激に減少させているなかで，香港・マカオについで積極的に投資を拡大している[2]。こうした米国企業の積極的投資の傾向は98年に入ってからも継続している。これまでの累計でみると，米国は契約ベース（件数，金額）で日本を圧倒的に上回っており，実行ベースではほぼ同じであるから，香港や台湾などの華人資本を別にすれば，日本とともにもっとも有力な対中直接投資国である。

　以上のように，米中の貿易・投資関係は緊密の度合いを一層深めている。米国企業は中国に低賃金の繊維，雑貨，家電製品などをもとめ貿易と投資をおこない，また，中国へは航空機，通信機などハイテク関連機器や化学肥料，穀物など輸出している。貿易の垂直的な取引や経済的な補完関係が形成されてきている。

米中関係は，現在，米国の対中赤字が拡大し，巨額になりつつある。しかし，こうした不均衡な関係は，長くは続かないし摩擦が発生する。米国は中国に対し，市場の開放と輸入の促進を要求するであろし，構造的な市場障壁問題に発展する。消費指向的な米国人が，低賃金労働力による繊維や玩具，靴などを求め，米中の通商関係が深まっていったが，中国サイドは購買力の不足や貿易障壁により，輸入が増えていない。中国では高い経済成長により消費財に対する購買意欲が強まりつつあるが，今後，このまま継続的に高い経済成長をたどる事ができるかどうか懸念される。

米国の多国籍企業は，中国の広大な市場をねらって直接投資を行っているが，経営資源や技術の移転を図るなど中国の経済開発や成長に貢献して，相互補完的な通商関係を作ることが出来るかどうかが，二国間関係を決める要因として問題となる。経済の相互依存関係の深まりにより，最近では，最恵国待遇の更新を人権と切り離して認めるなど，経済が政治に優先される事態も生まれている。つまり，政治紛争が，米国企業の対中貿易・投資を阻害すると，米産業界から強く懸念され，米国の経済的利益の確保が優先されるようになってきた。

2．米国の対中通商政策

クリントン政権の通商政策は，1993年の就任時から時を経るにしたがって性格が異なってきているように思われる。

就任当初は，自国の国際競争力の回復と強化を目的に，輸出促進と拡大によって経済成長や雇用の創出をするために貿易相手国の市場開放をせまった。ときには，通商法301条やそれを強化したスーパー301条など報復措置をともなった通商法を武器として使用することも辞さなかった。クリントンの対外経済政策は，非常にプラグマチックで，自国の経済状況によってかわる。覇権国家として，自国の犠牲を払ってでも国際秩序を維持するのではなく，自国に，あるいは自分に（たとえば，再選問題など）有利かどうかがその判断基準になっている。

第3章　1990年代の米国の対中通商政策と中国の対応

　しかし，1995年頃から変化が見え始めた。最も大きな要因は，米国が国際競争力を回復し，好調な経済の持続により，経済的覇権を取り戻したように思われたことである。米国は，1991年3月以降，景気拡大の道をたどっており，95年頃には日本の景気後退により日米経済の逆転が明確になり，はっきりと国際競争力を回復・強化して，経済的覇権をふたたび確立したようにみえた。一方，WTOが成立した。それは市場開放・自由化を行なう国際的な制度と機関を設けたことを意味している。一方的報復条項の適用を不可能にしたし，紛争処理機能も強化されたため，米国の独善的な行動を制約することにもなったが，よりいっそう市場のグローバル化を進める制度を確立したことも意味する。

　経済的な覇権の再確立が議論されるようになってから，米国の主張する市場開放は，米国を中心にする市場経済のグローバル化をすすめる手段となった。米国経済は規制緩和に基づくコンピュータ化・情報化によって，そして情報手段による競争力の回復と強化，競争にもとづく市場経済の徹底をはかり国際経済秩序のグローバル化という大編成を行ってきた。とくに，モノやサービスだけでなく，資本の国際取引の完全な自由化を図るグローバルな市場経済の実現を図っていった。いわば，グローバル・キャピタリズムの実現である。

　コンピュータを駆使する金融技術の発展は，たとえば投機的性格の強い短期の資本取引商品を実現させ，金融面から米国経済の強さを実現していった。しかし，後で述べる問題であるが，コンピュータによる高度な金融技術製品の開発とグローバル化が，自らの経済の制御を困難にする状況をも生んでいった。たとえば，アジアの金融・経済危機が金融システムの危機だけでなく，経済危機からさらに社会・政治危機に発展し，さらに米国経済を巻き込んでネガティブで不安定な影響を世界経済に与えている。

　米国の対中通商戦略は，中国のもつ巨大な市場とその潜在力をいかにはやく米国企業に取り込ませるかである。そして，中国の改革・開放政策と市場経済化の動きを積極的に支援し，米国主導のグローバル・キャピタリズムに

巻き込むかである。米国の全体的な対中政策は，中国との安定的な関係を形成し，永続的に維持，促進することであるが，中国政府が共産党主導であったり，市場経済の移行に際し多くの社会主義の残滓を引きずっていること，さらに台湾問題などとも関係し，経済・通商関係が政治と関係づけられる可能性がつよいのが問題となる。

　ここで，中国の国際経済社会への参加の推移を簡単に振り返ってみよう。

　中国が国際経済社会に参加しはじめたのは，1979年の「改革・開放」政策からである。79年「改革・開放」政策を開始し，外資の導入や輸出の積極的拡大政策によって国際経済システムと接触しながら経済成長と蓄積を続けた。そして86年7月にガットに加盟申請し，国際経済社会での認知を求めた。しかし，89年に，天安門事件がおこったため，中国の民主化・人権抑圧が加盟の阻害要因になった。その後，92年に加盟交渉が再開され，95年1月のWTOの発足に間に合わせる形で加盟交渉を急いだが，米国による先進国並みの厳しい条件の要求によって内外無差別などWTOの原則と折り合いが付かず，加盟交渉は決裂してしまった。

　当初は，改革・開放政策を打ち出した社会主義国の中国を，国際経済の場にどのように受け入れるか，その方法が分からなかったのである。89年の天安門事件，同年11月のベルリンの壁の崩壊，90年に入ってから東欧・ソ連の崩壊と続く社会主義の崩壊過程において，市場経済への移行期にある社会主義中国とどのような関係を持つかが政治的にも，経済的にも煮詰まっていなかった。また92年以降は，中国の経済成長が急速にすすみ，経済規模が急速に拡大し，世界経済・貿易への影響力が急速に大きくなり，米国は中国にどのように対処するか戸惑ったし，中国も図体は大きくなっても，発展途上国としての意識であったため，国際経済社会への参加条件が折り合わなかったのである。

　中国の国際社会への参加が具体性をもち積極化していったのは，1992年以降である。まず，中国が天安門事件の混乱を収拾し，1992年に社会主義市場経済体制を確立し，全面的な開放段階にはいり，高い経済成長を示しは

第 3 章　1990 年代の米国の対中通商政策と中国の対応

じめてからである。

　1992 年から 95 年にかけて，中国は 4 年連続して平均 12% という二桁の高成長を達成した。その後，金融引締めなどインフレ抑制策によって，96 年に 9.7%，97 年に 8.8% と若干減速したが，相変わらず高い GDP 成長率である。また，中国の国内総生産を購買力平価ではかった推計を世界銀行が発表し，中国の国内総生産は 2 兆ドル近くになり，現在の高い成長力が続くと 21 世紀初めには日本やアメリカを追い越してしまうのではないかとの観測もなされ，中国の経済力が確認された。

　中国が本格的に市場経済体制をめざし，外資を導入し，高い経済成長と貿易の拡大に努めてきたため，米国も中国を本格的な通商交渉の相手として認識してきた。中国が驚異的な経済成長をしめし，中国の潜在的な成長力が現実味を帯びてきて，米国にとって，中国は政治的大国であるだけでなく経済的にも大きく成長する大国としての可能性がでてきた。また，米国の経済的利益を確保し実現する市場としても認識されるようになった。とくに，93 年クリントン政権が発足してから，米国の輸出の拡大がかれの通商戦略になり，中国市場の重要性が一層増した。なるべく中国から多くの譲歩を引き出し，中国市場を確保するという意図・目的もあきらかに認識されるようになってきた。そして，いかに国際社会に中国を引き込むか，いかに中国の市場開放を積極的に行なうかが重要課題となった。

　米国は，毎年各国に対して貿易障壁に関する報告書を発表し，市場開放の継続した目標を示している。中国に対しては次のような課題を提起している。

　まず，輸入を制約する輸入政策として，関税と非関税障壁を取り上げ，産業育成や国際競争力の強化を目指ししている化学製品や自動車等の分野での高関税や国家管理，輸入ライセンス，輸入割当，その他の輸入管理とその運用の不透明性などが問題にされている。さらに外国企業を差別する貿易権，基準認証制度，政府調達，輸出補助金，知的所有権問題，サービス取引の障壁，投資障壁，反競争的慣習などの貿易障壁が指摘されている[3]。

米国の対中通商政策課題として，最恵国待遇（MFN）や知的所有権問題，市場アクセス，WTO 加盟などがあげられている。MFN は，3 年ごとに締結されるが毎年その延長問題が議論される。知的所有権の保護は，日中間で何度も対立や報復合戦を繰り広げてきたが，中国が WTO の知的所有権規定（TRIPS）をみとめ，「特許法」や「商標法」，「著作権法」など知的所有権の法的整備を行なっているので制度的には現在問題がなくなりつつある。しかし，実際には不正・コピー商品が横行しているため，実効ある法の執行や取締りがいかになされるかが問われている。市場アクセス問題は，関税や輸入割当・許可の撤廃，通商法・規則の平等な適用，運用の透明性など輸入を阻害する諸措置が問題視されている。そして WTO 加盟問題はここ 10 年以上にわたる交渉課題である[4]。こうした政策課題は，二国間，あるいは APEC という地域協力，WTO 加盟交渉の多国間という 3 つのレベルで交渉が進められている。中国も，おなじような交渉チャネルを通じて行っているが，両国とも，どれが一番自国に利益をもたらすのか，それを短期的だけでなく，中長期的に考えながら選択している。

以下，米国の対中通商政策の関連からいくつかの問題を検討してみる。

まず，最恵国待遇（MFN）について民主化・人権との関連から考えてみる。

米国の対中 MFN の 1 年ごとの更新は，1979 年 1 月の国交樹立以来の年中行事である。米国は 1974 年通商法ジャクソン・バニック条項で，非市場経済国への恒久的な MFN 供与を認めていない。中国にたいしては，人権問題と関連付けて議論され，人権問題の改善状況について大統領が議会に報告することによって適用免除を受け，3 年ごとに二国間協定を締結して中国に MFN を付与してきた。しかし，更新問題は，低賃金の中国製品に脅かされている支持団体や保守的な反共団体，人権・環境団体に近い議員によって反対されてきた。いっぽう，中国市場や経済に関係ある企業に近い議員は更新に賛成しており，94 年春以降は，人権問題と切り離して MFN の供与が行われるようになった。米国内では，中国の WTO 加盟に際して恒久的 MFN

を供与することにたいし賛成派が多くなりつつある。

　高い経済成長と人口13億という中国の巨大な国内市場は，潜在力から現実性に変わっており，通商交渉では中国にとって有利な交渉の切り札となる。冷戦終了後の政治から経済中心に移った世界では，中国の経済交渉力は強まっており，米国は，政治的な取引材料として人権を持ち出してぐずぐずしていると，日本や欧州に市場を奪われてしまうので，貿易と人権を切り離す方向で動いた。1993年に米国は最恵国待遇と人権を結び付けて交渉したがうまく行かず，翌年には，対中最恵国待遇の延長を人権と切り離して認めた。経済的な実利を求め，ある程度の妥協により，時間をかけて問題を処理していく方が現実的であるとの意見である。

　延長は，中国だけでなく，米国の利益でもある。中国の対米輸出品は安価な家電，衣料，雑貨であり，米国の低所得の消費者を利している。ちなみに，MFNが供与されないと中国製品の関税率は，平均して4％から44％にあがり，米国の消費者は5億9000万ドル余計に支出増加を迫られるとの証言がある[5]。また米国が対中MFNを取消したとき招くと思われる中国の報復は，米国の対中輸出の減少や輸出関連産業の約17万にも及ぶ雇用に影響を及ぼす。また中国の市場開放を進め輸出や投資の拡大が期待できるWTO加盟交渉を遅らせ損害を及ぼす。あるいは自滅的な保護主義のサイクルに陥るかもしれない[6]。

　民主化や人権にたいする米国と中国には認識の相違がある。米国は，個人の自由や人権の尊重にもとづく民主主義を人類の普遍的な権利であると考えている。市場経済は，人々が自由に情報を得，市場に参加することで有効に機能するという認識がある。いっぽう，中国にとって社会の安定が現在必要とされるのである。民主化・人権の抑圧問題より経済開発や成長，そして所得の上昇が優先される。

　民主化・人権の問題は，中国の経済発展と関連があり，経済成長によって所得が上昇し，中間所得層が形成されれば，自然と民主主義の実現や人権問題の改善の要求は強まる。民主主義は，中間所得層が厚くならなければなか

なか育たない。中国政府にとって，人権問題は中・長期的問題であり，社会的混乱をもたらすおそれのある民主化・人権よりも，国内の安定や生活水準を上げる経済開発・成長が優先課題である。そのため，米国は，短期的問題のMFN問題と人権を絡ませるのは得策でない。

　市場経済の認識も米国と中国では認識が異なる。米国は経済の基本原理として価格メカニズムにもとづく市場経済をとっているが，中国は，計画経済の失敗や歪みの解決を市場経済に求めたもので，市場経済はあくまでも経済開発や成長の手段である。こうした市場経済の認識の相違が，民主化・人権にたいする対応の相違となってくる。

　米国型の市場経済が機能するには，民主主義が必要とされる。人々が情報の公開・透明性や機会の平等などのもとで自由に活動することによって，市場経済は機能し，危機が起こっても有効に対応できるのである。しかし，中国にとって開発を効率よく進める政府の手段として市場経済がある。それは共産党という政治的な独裁制度のもとで運営されているため開発の進展という意味では効果があるが，中国の市場経済において価格メカニズムがどれだけ有効に機能するかどうか疑問が起こってくる。また，東南アジア諸国の開発独裁による高成長の達成と金融・経済危機の発生などを考えると，中国の市場開放は，自国の経済開発の状況を考慮しないで行なわれると大きな混乱を起こす可能性もある。

　次に，APEC（アジア太平洋経済協力会議）の地域協力について考えてみる。

　APECは，1989年11月に発足し，現在アジア太平洋地域の18カ国・地域によって構成される経済協力体である。毎年，閣僚会議が開かれ，開発や経済協力，域内の貿易と投資の自由化などが協議されている。ちなみに，中国は，1991年に台湾，香港とともに加盟した。

　APECは1993年のシアトル会議あたりから米国の戦略が強くなってきている。米国は冷戦後の国際経済秩序のリーダーシップを握るために，経済成長の著しいアジア・太平洋諸国の経済協力会議であるAPECを，対話の場

第3章　1990年代の米国の対中通商政策と中国の対応

から交渉の場に変え，貿易と投資の自由化を進めようとした。94年のインドネシア会議では，貿易と投資の自由化の達成年を，先進国は2010年，途上国は2020年とする「ボゴール宣言」を発表し，その後，95年の大阪会議では自由化の「行動指針」を決め，96年のマニラ会議では「行動計画」，そして現在，その実施の段階に入ってきている。

APECは，地域的にはアジアやアメリカを含んだ環太平洋地域であり，経済の発展段階も先進国から中進国，発展途上国まであり，非常に多様である。それは，自然発生的な地域協力の対話の場であり，強制力や罰則規定はなく，各国の経済の発展・成長状態に応じて，貿易や投資の自由化を進めてきたものである。多様性を認め，各国の発展段階に応じた自主的かつ柔軟な対応で行われるのが指導原理である。それゆえに，米国のように，交渉で数値目標を設定し，相互主義にもとづく強制的な自由化はあまり望まれていないし，現実的でもない。

APECは，WTOの原則にそって自主的，柔軟に運営され，WTOを補足するような活動を行っているが，強制力がないだけにどれだけ実効ある自由化が行われるかには疑問や限界がある。経済が右肩上がりの成長を遂げているときはいいが，アジアの通貨・金融危機を契機にして，経済成長にかげりや社会不安がみえはじめると，貿易や投資の自由化は停滞してしまう可能性がつよい。

一方，WTOは，自由・多角・無差別・互恵の原則に基づく組織的な交渉機関であり，強制力や拘束性もあり紛争解決機能を備えた国際的な貿易機関である。自由化を着実に進め，一層の経済発展をたどるためには，ある程度国際的に強制力をもった組織での対応が必要となる。

APECの基本原理が，多様性と自発性，柔軟性であるため，中国が国内的な混乱を少なくし段階的自由化を実行するためには，APECは1つの有利な条件となる。APECは緩やかな経済協力体であり，自由化の初期段階には有効な方法である。

米国はAPECをWTO交渉に結びつける準備交渉と位置づけている。1996

年11月マニラで行われたAPEC会議におけるクリントン・江沢民の米中首脳会談で，中国の加盟問題が第一議題に取り上げられ，加盟支持の方向で動き出した。クリントン政権の対中戦略は，中国が国際社会のルールを守るだけでなく，ルールづくりに積極的な役割を担うよう期待される大国として扱い，中国を国際社会に参加させることである[7]。一方，中国も97年7月には香港返還も予定されていたし，高い経済成長を実現したことで自信を深め，国際経済への参加，WTO加盟を積極的に望んだ。

最後に，中国のWTO加盟交渉の最近の動きについてみてみよう。

中国のWTO加盟は，今後の中国の経済発展に絶対不可欠なものである。加盟は国際経済社会での認知を意味し，加盟が遅れることは国際経済での中国の立場を弱め不安定にする。しかし，加盟には利益がある反面，必ず痛みと義務・コストが伴う。つまり加盟するためには，加盟条件をクリアしなければならない。加盟条件をめぐって米中では対立があるし，中国にとって，加盟条件を国内経済状況と関連付けてどのように判断するかが，加盟実現の鍵となる。

米国は，経済成長の高く成長軌道に乗った中国やインドなど発展途上国を先進移行国と位置づけ先進国並みの市場開放を求めている[8]。一方，中国は，市場経済に踏み出したばかりであり，市場経済に馴染まない社会主義の遺物を多く残しているため，発展途上国としての義務しか負えないとして，段階的な市場開放を主張し，緩やかな条件を希望している。中国は社会主義国であったため国有企業を優遇しており，市場経済やWTO加盟条件と合致しない制度が多々ある。たとえば，中国企業を実質的に優遇している外国貿易業務の許可制，各種の輸入数量制限，機能のはっきりしない政策や法令の不透明性，国有企業への融資による実質的な補助金，部品の中国国内調達要求などがある。

1997年10月になされた江沢民の訪米の返礼として，翌98年にクリントンの訪中が決められた。その時には，中国のWTO加盟合意を米中両国とも望んだ。中国も加盟後の貿易権の改善や二重価格制の廃止を発表したり，関

税の引下げ，外銀の人民元業務の拡大など諸制度の改善を急いだが，早急な改善はなかなか難しく合意に至らず，加盟交渉の急速な進展はあまり望めなかった。中国は依然として，段階的な市場開放で国内の安定を求める慎重な姿勢であり，いっぽう，米国も強く圧力を掛けなくなってきた。それはアジアをめぐる不安定要因が出てきたためである。両国とも，97年7月のタイバーツの暴落を契機に発生したアジアの通貨・金融危機が中国に波及するのを恐れた。

東南アジア通貨の下落によって，人民元が相対的に切り上げられ中国の輸出競争力が低下した。そのため人民元の切下げが懸念された。米国は，人民元の切下げが東南アジア諸国の切下げ競争を引起こし，アジア経済が混乱して，また中南米経済にも危機を波及させ，ひいては米国経済に大きな負の影響や被害を及ぼすのではないかと懸念した。米国にとって元の切下げは避けたい選択であり，相場の安定的な維持が求められた。

中国は，人民元引下げに対して非常に政治的な動きをとった。日本に対して円安を牽制し，もともと日本と中国の貿易は競合関係にないので円安と元の切下げはまったく関係ないと思われるが，円高誘導を示唆した。しかし，こうした動きが元の切下げ懸念を増幅させ，逆に国際公約の元相場の維持が危うくなると，円安メリット論も言いはじめるなど迷走した。中国は十分な貿易黒字を維持していたし，外貨準備高は依然増加しており（1996年末の1050億ドルから97年末で1399億ドルへ，99年には1547億ドル），政府も切下げはしないと対外公約をした。もし切り下げると対外債務の返済負担が増加して中国も困る事態が発生する。中国は「人民元の切下げ」カードを政治・外交的に使っている。切下げに伴う混乱を，中国主導のもとで回避し，中国の存在と責任をアピールし，ひいては，WTO加盟を有利に導こうとの考えもあった。

人民元の動向はWTO交渉の結果いかんとの議論もある。つまり，米国は，中国の人民元の引下げに懸念し，相場の安定を要請したのにたいし，中国はWTO加盟交渉を有利に導くためにその要請を受け入れた。そのため，

少なくとも今年度の切下げはないが，この秋の交渉が不調に終わると翌99年の早い時期の切下げが考えられるとの意見もある[9]。

中国のWTO加盟が今後どうなるか。国内総生産（GDP）で世界7位，貿易額では同10位になった中国をいかにWTOに加盟させるかは，国際経済社会の課題である。1998年秋の交渉がどのように進展するか，中国をめぐる内外の厳しい状況をみると展望は暗い。米国は加盟条件での譲歩をあまりみせないし，WTO原則から離れた譲歩は，WTOの弱体化に至ってしまうので望ましくない。しかし，2000年から新ラウンドを開始したいWTOとしては，それまでに中国の加盟を実現したいと期待している。

3．中国の対応

米中間では，1997年末に「建設的な戦略的パートナーシップ」の構築が打ち出されている。98年7月のクリントンの訪中では政治面での核ミサイルの照準外しやアジアでの安定化などが話し合われたが，経済・通商面での進展はあまりなかった。

中国は，1979年の「改革・開放」政策以来，一貫して市場開放を進めてきたが，貿易の自由化や外資の導入などは自国の経済開発を進める上で必要とされた。開発という内圧要因に基づき積極的に開放された。しかし，中国の開放政策は，自国に有利に市場開放を進める自国主導型である。自国の経済状態をみながら国内の混乱を避けながら段階的に開放を進めている。

中国の経済政策は1979年以来大きく変化してきたが，政治体制は変化がない。つまり，経済は市場経済により価格メカニズムが採用され，対外的には閉鎖から対外開放に政策変化したが，政治体制は共産党・軍・国家の三位一体による支配体制を維持し変化していない。この支配体制によって経済や対外政策は決定される。中国の市場経済はあくまでも政治の安定の手段である。資本主義国とは市場の捉えかたが異なる。社会主義市場経済とは，資本主義への移行ではなく，共産党主導による市場経済の遂行であるともいえる。

第3章　1990年代の米国の対中通商政策と中国の対応

　ここにきて，中国は市場開放に慎重になってきた。それは中国をめぐる外的および内的状況が悪化し，国内の混乱を引起こす可能性が強くなった。米国は，米国標準をグローバル・スタンダードとしてそれを用いて，米国中心の世界市場の確立を意図しているが，中国はその動きに慎重に距離を置きはじめた。もちろん，閉鎖的経済に戻るという意味ではなく，市場開放のスピードをペースダウンして様子をみはじめたということである。

　まず，外的状況として，アジアの通貨・金融危機とその影響がだんだん深刻になってきたことである。

　1997年夏のタイ・バーツの暴落ではじまった通貨・金融危機は，タイ一国にとどまらず，東アジア全体の経済危機や失業による社会的不安を引き起こすに至った。さらに，ロシアや中南米の経済危機にまで発展し，そうした危機の中で米国のヘッジ・ファンド取引の失敗は好調と思われた米国経済にも大きな影響を及ぼし，世界的な経済危機が懸念されるようになった。

　東南アジア諸国は，金融市場の自由化・開放により大量の短期の外資が流入し，国内経済の金融システムの未成熟から外資をコントロールできずバブルに至り，結局，外資の大量流出によって通貨の大暴落を招き，経済に大きな打撃を被った。中国はそのアジアの経験から自国の市場開放に慎重になりはじめた。

　東南アジア通貨の大幅下落によって，中国は東南アジア諸国と輸出が競合する製品が多いため価格競争力の低下に直面している。輸出によって経済成長をしてきた中国に人民元の切下げなど懸念材料がでてきたが，人民元の切下げは東南アジア諸国の為替切下げ競争になる可能性も強く避けたい選択である。

　人民元の切下げを見越して闇市場では，ドル需要が強まり元相場が低下し始めたり，ドルの海外逃避も出始めた[10]。元が切下がると外資の流入は減少してくるし，対外債務の負担が増して来る。中国は，現在資本取引は厳しく規制しているが，経常取引については自由化を進めてきた。資本取引が規制されているため，東南アジア諸国のような投機にさらされる可能性は少な

63

いが，しかし，WTOの重要な交渉課題である金融市場の開放について慎重な対応になってきた。経常取引においても，外貨管理を厳しくし取引規制に動き出した。外国為替市場の混乱を避けるために開放よりも規制による安定が必要とされるようになった。

WTO加盟にはサービス市場の開放が求められているが，アジアの金融危機に直面し，金融市場の開放にたいし，慎重な対応に変化してきた。経済や市場の混乱を避けるために，米国の圧力に大幅に譲歩してまでWTO加盟を急ぐ必要はないとの対応で，情勢をみながら急がないで漸進的に開放を進めようということである。

次に内的状況であるが，朱鎔基首相の掲げる国内の三大改革（国有企業改革，金融制度改革，行政改革）の進展が思わしくないことである。もともと改革は，既得権益と衝突するため，スムーズに進まないのが一般的であるが，共産党の主導という社会主義を残して，経済構造は市場経済に転化しようとしているため，改革の困難は一層強くなる。とくに，国有企業改革は，金融の不良債権問題とも関係し，企業の倒産・失業という社会問題になる可能性が強い。

国有企業の不振は，市場経済のなかで，社会主義とどのように折り合いをつけるかが機能していないからである。国有企業は利潤を追求する企業というより，従業員の衣食住を満たす社会福祉を実現するものであり，たとえば学校や保育園の運営，病院，退職後の年金資金の負担なども請け負っている。また，市場経済の運営ノウハウにも慣れていないため，需要を無視した生産拡大や過剰在庫を抱えて赤字に陥るケースも多い。また現在，販売価格の切下げ競争も起こり，デフレや失業の回避のために砂糖からテレビや自動車にいたる21の産業で最低販売価格を設定するという価格規制がはじまった。しかし，競争を制限するのは市場経済化の逆行でもあり，企業改革を遅らせるのではないかと懸念されている[11]。

改革は必ず失業の問題と関係する。行政改革も行政のスリム化であるし，国有企業のリストラも，余剰人員をどうするかであり，もし失敗すると大量

の失業が発生し重要な社会問題となる。1997年3月1日から始まった全国人民代表大会でも国有企業の改革を強調し，同年9月の共産党全国代表大会では経営を効率化するために国有企業への株式制の導入を決定した。しかし，この決定は大規模の国有企業に対する改革であり，依然として中小の国有企業をどうするかの問題は残る。国有企業の改革の停滞は，市場開放の進展を遅らせる。

　もともと，市場開放やWTO加盟にためらう意見もある。指導部の共産党内部が一枚岩で開放を進めているわけではなく，反対も多くある[12]。社会の腐敗や経済格差をもたらしたという評価や市場開放による外国製品の流入は，市場経済への移行期にあたり，国際競争力の弱い中国の製品や産業，企業に打撃を与えるという。とくに，現在，国有企業の経営がおもわしくないときは，いっそう倒産や失業が増える。現在でも海外からの投資や貿易が増加しているのだから，急ぐ必要はないとの意見もある。国有企業の改革の進展をにらみながら市場開放やWTO加盟は進めざるをえない。中国は人口も多く，国内の経済的，社会的混乱を避け，安定を優先せざるをえないのである。今後の課題として，国有企業改革を市場経済に任せるだけでよいのかという問題もある。市場経済は経済効率を実現するにしても，失業問題の解決にはならない。むしろ社会保障など政府の政策がいかに実施されるかでもある。

おわりに

　高成長によって大きな自信をつけてきた中国が，自国の経済政策を内向きに変えはじめ，対外開放から国内優遇へ変化してきているように思われる。上記で検討したアジアの経済危機，それによって実質的に切り上げられた人民元，中国の国際競争力の低下，輸出のかげり，直接投資減少や撤退の動き，さらに国内的には三大改革の停滞，景気後退，沿海部・都市部と農村・地方との所得格差など問題が発生してきている。

　さらに，中国の輸出先である米国経済の先行きにバブルの崩壊という不安

定要因が大きくなってきている。さらに日本経済は不振であり，東南アジア経済も経済危機から立ち直っていない。中国はいま内向きの対応が出始めている。従来，外資を積極的に受入れ輸出を促進して高い経済成長をとってきた中国に外的不安定要因が強まってきた。輸出が鈍化して輸出による成長が期待できなくなると，成長を内需に求める。農村の改革を中心に国内的格差の解消と内需の拡大に努める。しかし，中国の国内指向が，保護主義にならないよう注意が必要である。

　現在，アジア全体が，米国の市場主義に疑問を呈し，外資，とくに短期資金に対して一定の為替規制を取り始めた。マレーシアでは，通貨リンギの固定相場制や短期外資の取引規制の導入を採用した。投機性の強い短期外資の取引規制を行なって，短期外資への依存を低めようとしている。中国も，国内の安定的な発展をめざし，急速な開放に慎重になっているが，国際的なルールや基準，秩序を破壊するように動くのではなく，国際ルールの尊重に動いている。クリントン政権の対アジア・中国政策ははっきりせず曖昧だとの批判があるが，米国のプレゼンスをアジアで維持することと，中国と協力し，中国に責任大国としての役割を担わせる対中関与政策について米国は一貫した戦略をとっている[13]。

　二国間ベースの通商交渉は，成果を早く出せるからやり易いという面もあるが，こじれるというマイナスもある。今後は，国家間の相互依存という経済実態にあわせた多国間ベースがないと現実的な効果が限られたものになろう。多角主義・多国間の基盤を作った上で，二国間交渉も有効に活用するということが必要である。そのためにも，中国をWTOという多国間組織のメンバーにしなければならない。

　米国の対応はあくまでも中国の市場開放を要求し，先進国並みの条件によってWTO加盟を進めることを求めている。しかし，中国がWTO加盟条件の発展途上国並を譲らないとき，中国を国際通商体制の枠外においてよいのか。また，2000年から予定されている新ラウンド交渉に中国を参加させなくてよいのかという問題もある。今後，米中の経済的な相互依存関係をよ

り積極的に進める必要がある。米国は中国市場でプレゼンスを大きくし，中国は国際社会への参加とプレゼンスのために米国の支持が必要であるからである。

注
1) 中国側と米国側の貿易統計には，香港経由の中継貿易をどのように捉えるか，多国籍企業の企業内取引についての捉えかたなどから違いがでている。それは，表からわかるように結果が大きく食い違っている。統計の差異について，「対米貿易黒字についての中国の言い分」『中国経済』日本貿易振興会，1996年10月号参照。
2) 『国際貿易』1998年第3期の資料による。
3) *1998 National Trade Estimate Report on Foreign Trade Barriers*, United States Trade Representative, pp.45-61.
4) *1998 Trade Policy Agenda and 1997 Annual Report of the President of the United States on Trade Agreements Program*, United States Trade Representative, pp.187-192.
5) United States Trade Representative, Testimony of Ambassador Charlene Barshefsky, Renewal of Normal Trade Relations with China, Senate Committee on Finance, July 9, 1998.
6) Text: White House Fact Sheet on China MFN Renewal, June 3, 1998, Text: Remarks by President Clinton on U.S.-China Relations, June 11, 1998, The White House.
7) ハリー・ハーディング「「米中」安定の基盤固めを」『朝日新聞』1996年11月18日。
8) 『日本経済新聞』1997年8月23日。
9) 柯隆「米国の事情に左右される中国人民元の動向」『世界週報』1998年7月7日。
10) "Will This Wall Hold?", *Business Week*, October 12, 1998.
11) "So Much for Competition", *Business Week*, November 30, 1998.
12) "The Party Is The Problem", *Business Week*, March 10, 1997.
13) Keidanren Clip No.29-020, 米国防省「東アジア戦略報告」1998年11月23日発表。

第4章

米中貿易摩擦と今後の行方

はじめに

　中国は，1978・79年の改革・開放政策の実施以降，外資導入と輸出志向工業化戦略を梃子に，経済成長をたどり始めた。とくに，92年，社会主義市場経済の採用や2001年のWTO加盟などを契機に，驚異的な成長を遂げ，単なる生産基地としての中国から，巨大な消費市場へと転換しつつある。今後，2008年の北京オリンピック，2010年の上海万博と続き，中国経済・社会の国際化はますます進展し，持続的な経済成長が期待されている。

　中国自身も，WTO加盟で，正式に世界経済のなかで自らの存在を認知され，自信を深めて行った。そして，東アジアの政治的，経済的なリーダーシップを求め始めた。中国は，現在の経済成長を継続していくためには，自らの発言力を強め，リーダーの役割を実現しなければならない。

　現在，東アジアの経済は発展し，経済統合が着実に進展している。そして，東アジアと米国の間には，相互依存的な経済取引関係が構築されている。とくに，中国は世界の生産基地であり，米国は巨大な輸入・消費国としてなっている。中国が，アジアで大きな存在感を持ち始め，米国は，東アジ

アの経済に強く関与し自国の国益を確保しようとしており，米国と中国の間には，経済的な相互依存性と同時に多くの矛盾も存在する。

本章は，米中間の貿易摩擦の起こる可能性と今後の行方について考える。

1. 米中貿易関係の進展

世界経済は，現在，企業の直接投資によって，生産プロセスそのものが国際分業に組み込まれている。生産工程が複数の国に分かれ，より安いところで部品を作り，より安いところで組み立てて最終製品に仕上げる。つまり，企業の工程間国際分業で各国間が国際分業に組み込まれ，より複雑な相互依存の国際経済関係が形成されるようになった。まず，貿易と直接投資の動向から米国と中国の経済関係の概略をみよう。

中国の貿易額は，2004年には，日本を追い越し世界第3位の貿易大国となった。貿易相手国では，2004年，貿易総額で，米国が第1位であり，輸出入別では，中国の輸入は日本からが第1位だが，輸出は米国が第1位である。米国に対して，最終製品の輸出が多くを占め，輸入は少ない。対米貿易額の70%以上を輸出が占めており，大幅な貿易の不均衡を生み出し，中国の大幅な黒字，米国の赤字となっている。

中国の貿易は外国資本が大きな役割を占めている。香港や台湾の華僑系や米国，日本などの外資の多くが中国を生産・組立て国とみて進出しており，中国の貿易に占める外資系の比率は，2004年は輸出が57.1%，輸入が57.8%[1]とそれぞれ60%近くを占めている。

外資は，自国で比較優位を失った産業を，賃金の安い中国に移した。中国も外資を積極的に誘致した。その結果，日本から資本財や高級素材や重要部品を輸入し，韓国や台湾からあるいはASEANから標準的な部品・素材を輸入し，それらを現地で安い労働力を使って組み立て，最終製品として主に，米国やEU，日本など先進国の消費国に輸出するという国際分業関係が形成された。

また，資金の流れでは，中国の大幅な貿易黒字の継続は，外貨準備高の積

み上げとなる。中国に流入する外貨が，今度は米国債や米国の株の購入に当てられ，米国に還流する。米国経済が良好でドルが高い価値を保っている限り，資金の流れは継続されるが，いつまでも継続できるかどうか懸念される。ドル暴落の可能性も否定できないし，リスク回避のために外貨を分散投資し始めると米国への資金流入に変調をきたし，米国の金利の上昇，米国景気への悪影響など多くの問題が出てくる。

一方，中国経済も貿易依存率が近年急速に高まっており，とくに，緊密な取引関係を持っている米国経済の動向に左右されやすい。もしも，米国の経済状況が悪化すれば，中国の生産や雇用に重要な影響を及ぼす。

以上のように，米中貿易関係は，相互依存性を強める一方，きわめて脆弱な経済面をもっている。脆弱性は，自国の経済や政治的状況によって，貿易摩擦という形で勃発する。

2．米国の対中貿易摩擦

現在，米国と中国は，両国の友好関係の維持を前提として動いている。米国にとって，経済面に限定すれば，中国は戦略的パートナーである。まず，中国を市場経済の路線に乗せることである。WTO加盟が実現した現在，加盟条件をなるべく早く実現させ，中国市場を開放することである。貿易の自由化を進め，知的財産権を尊重し，直接投資を促進することである。さらに，市場経済は民主主義を前提とするため，民主主義の実現や人権の確保という要求も出てきている。

しかし，最近，米国と中国間にはいくつかの懸念される貿易問題が出てきている。以下の5点を検討することとする。

2-1　中国の対米輸出問題

中国の繊維製品は，2005年初め，WTOの国際的な輸入枠の撤廃以降，輸出が急増し，米国や欧州との間で貿易摩擦が発生した。米国では繊維業者が強く反発し，緊急輸入制限（セーフガード）が発動された。これに対し，中

国政府や中国の繊維業者も反発し，米中政府間で協議の結果，2005年11月，包括繊維協定を結ぶことに合意した。内容は，中国繊維品目の対米輸出を抑えるかわりに，米国がセーフガードの発動を自制するというものである[2]。

　米国では，中間選挙の年を迎え，保護主義的な傾向がみられる。一方，中国も膨大な貿易黒字を積上げており，人民元の切上げ問題を抱えているため，その切上げ圧力を避けるために，米中貿易交渉に妥協の余地があった。

　今後，米中の貿易摩擦が繊維の段階で終わるとは考えられない。中国は繊維のような労働集約製品から鉄鋼やテレビ，洗濯機，エアコンなど電子・電気機器など多くの製造業分野で強い競争力を持ちはじめ，世界で大きな生産量を持っている。しかし，中国は，先進国企業が中国に生産基地を移転した組立工場の役割を担っている限りは，摩擦は限定されたものと考えられる。しかし，中国が，低コストで高品質の工業製品を自前で生産できるようになったとき，摩擦の増加は避けられない。

　とくに，自動車が中国の輸出産業になると対米摩擦は避けられない。自動車産業は裾野が広く多くの産業を抱えているためその影響は深刻になる。中国の自動車販売は，米国，日本に次ぐ第3位になったといわれ，競争の激化している中国生産の小型車は低価格を実現している。当面，中国の経済成長が今後とも継続すると予想される現在，輸出の代わりに内需という形で消費されることも考えられるが，中国経済が変調をきたし，内需の拡大がうまくいかないと貿易摩擦の可能性は大きくなる。

　現在，中国では鉄鋼に代表されるように過熱経済が懸念されている。過剰な設備投資が行われ，供給過剰が競争の激化を生み価格の下落をもたらし，国内では収益を上げることが出来ない。過剰生産が海外に市場を求めて，集中豪雨的な安値輸出を行わざるを得なくなる。それは，先進国だけでなく発展途上国との間にも貿易摩擦を起こす。

　中国の対外進出促進の動きが最近強まっている。つまり，「走出去（ぞうちゅうちい）」という政策である。繊維などの産業では，ベトナムやカンボ

ジアのような労賃の安い国に進出し始めており，また，小型冷蔵庫のように米国に進出している白物家電産業もある。今後，中国の大手企業は，政府の政策的な後押しを受け，世界に市場を求めて海外活動を強めることは確実である。中国の対外進出が，国内の低収益対策，海外でのシェア拡大を主な目的としていると，貿易や投資面で摩擦を引起す可能性が強くなる。

2-2　貿易収支の不均衡と人民元の切上げ要求

　米中間には貿易収支の不均衡がある。米国の大幅な赤字と中国の黒字である。中国の税関総署は2005年の貿易黒字が，04年の3倍強の1,018億8,000万ドルになったと発表した。そして，対米貿易黒字は，前年比42％増，過去最高の1,141億7,000万ドルである[3]。

　あまりにも巨額な貿易不均衡は，長い間その不均衡状態を継続することはできない。貿易不均衡の原因の第1に，あまりに安く管理された人民元があげられる。切上げせよという要求である。中国は，1994年に人民元を大幅に切下げており，その後貿易収支の黒字は積みあがっていった。その後，中国への人民元の切上げ要求は強まり，2005年7月，2％という小幅な切上げを実行したがほとんど効果のないものであった。中国にしてみればなるべく国内経済への影響を小さくし，外圧によって政策変更をしたというイメージを避けたい。もしするとしたら自国主導による切上げである。

　人民元の切上げは，中国の輸出産業・企業に影響を及ぼすが，困るのは中国だけでなく，中国を組立工場と見て進出した外資系輸出企業も困る。米国の消費者も輸入品価格の上昇という結果を招くことになる。

　人民元の切上げあるいは変動相場への移行は，中国経済に大きな影響を及ぼす。プラザ合意以降の急激な円高によって，日本は対応を誤り，バブル経済を引起した。バブル崩壊後，政府の政策対応は失敗を重ね，デフレという大きな経済不況に陥ってしまった。バブルを招いた日本の円高の経験は，中国の人民元の切上げに慎重にならせる。大幅な切上げの政策対応がまずいと国内経済の大きな混乱を招くというのが日本からの教訓といえる。

第Ⅰ部　米国・中国編

　中国の経済成長は外資誘致とそれに基づく輸出促進によって実現されてきたが，人民元の切上げが輸出競争力の低下を導くのではないか，また，安価な労働力や土地などを割高にするため外資の流入が減少するのではないか。人民元の切上げは外国の安い農産物の輸入の急増を招き，膨大な遊休人口の滞留する農村の混乱や崩壊を起こすのではないかとの懸念もある。さらに，巨額の不良債権の問題が人民元の切上げを難しくしている。

　中国は，米国などの外圧によって人民元の切上げを実現するのではなく，自国経済の状況を見ながらマイナスの影響を最小限に抑えながら自国の主導で切り下げを実現していきたいというやり方である。

　米国の貿易収支の対中赤字が拡大する限り，米国内では人民元の切上げ要求が高まるのは避けられない。しかし，問題は，人民元の切上げで，米国の赤字が減少するかは疑わしい。たとえば，プラザ合意以後，日米間で円高になったにもかかわらず米国の赤字が減少しなかったように，むしろ米国の輸入がベトナム製品など安価な途上国製品向かうだけかもしれない。米国の過剰消費と低貯蓄と中国などの過剰貯蓄というマクロ経済問題がある限り不均衡はなくならない。

　中国は現在，管理された非常に狭い範囲の変動相場制であるが，ゆくゆくは需給状態を反映するより大幅な変動相場制に移行せざるを得ない。固定相場制と自国の自由なマクロ経済政策，資本取引の自由化は，同時に成り立たない。中国が先進国に発展して，人民元が国際通貨となるためには，資本取引の自由化は避けて通ることはできない。そうである限り，現在のドルにリンクした固定相場は無理となる。問題は，いかに変動相場制に移行し，スムーズに人民元を切上げられるかかである。

　多くの問題が懸念される。国際金融市場の変化は激しい。中国が自国主導で国内の状況を見ながら，マイナスの影響を最小限に抑えつつ段階的に切り上げていくことが可能なのか疑問は残る。また，中国の黒字は米国債権の購入に当てられているが，人民元の切上げがドルの暴落を招かないかとの懸念も大きい。米国との間には摩擦は絶えず起こり綱引きは避けられない。中国

政府は，人民元の切上げ・変動相場制への以降を，いつ，どのようなタイミングで行うのか大きなジレンマに陥り，判断が非常に難しい。

2-3　中国の知的財産権侵害問題[4]

特許や実用新案などの知的財産権をめぐる米中の摩擦は，大きな紛争となっている。世界の模造品や海賊版の多くが中国で作られており，知的財産権を侵害しているからである。

中国は，WTOに加盟するに際し，知的財産権の保護強化を目的としたTRIPS（知的財産権の貿易関連）協定を承認し，国際レベルの法的整備を早急に行ってきた。そして，中国政府は侵害に対して取締り強化にも乗り出している。しかし，取締りを強化してもなかなか模造品や海賊版が減らないし，むしろほぼすべての工業製品に及び，巧妙になり，事態は悪化しているのが現実である。

中国の法律が整備されても，解釈や運用に問題も多く，また，実質的な効果を持つか疑問視されている。たとえば，中国でたとえ裁判に勝訴しても，その訴訟費用が賠償金額を上回るケースが多く，また，賠償金を支払われた例がほとんどないという。また，中央政府の取組み強化の意向に反し，地方政府は地域振興のために知的財産権侵害の取締りに熱心でないのも事実である。

その背景には中国の貧困問題や模倣にたいする社会的な価値観がある。模倣は悪なのか，むしろ模倣は学習ではないのかという意識も強いのではないか。日本は，かつて模倣を通じて発展してきており，いかに先進国の製品をまねて自国製品に取り組むかの歴史でもあった。所得水準の低い途上国では，知的財産権を尊重したくても，特許料を支払うことも出来ないし，たとえ支払って製品を作っても割高な製品は売れないという現実がある。

米中政府間では，知的財産権侵害にたいして厳しく取締ることで合意されている。問題は取締りが実効あるものになるかどうかである。中国は，GDPでは先進国レベルの大国となっているが，依然として，自国を発展途

上国と見ており，国内に大きな所得格差や地域格差がある限り，取締りと模倣のイタチごっこが繰り返される。

　米国は，今後，一層の取締り強化と罰則の強化を求めてくる。中国政府も，WTO の TRIPS 協定をまもる義務があるし，外資の誘致や技術移転に支障がでたり，知的財産権侵害で輸出を差し止められるような事態を避けるためにも相当の取締り強化を行うだろう。しかし，知的財産権の侵害が減少するかどうかわからないし，より巧妙な模倣となる可能性が強い。知的財産権侵害をめぐる中米摩擦は，今後とも法律の実効ある実施をめぐって大きなテーマになる。

2-4　中国の市場開放

　中国が WTO に加盟して，市場開放の義務を負った。中国は世界の生産工場として大きな貿易黒字を生み出しているので，今後，貿易と資本の市場開放と輸入促進が一層求められる。

　WTO の加盟条件とその実施スケジュールに従い，関税の引下げや非関税障壁の削減・撤廃をしなければならない。しかし，市場開放は自国の資本や産業と外国企業との間の競争の激化を招くので，自国産業・企業が十分競争力を持たない段階では，スケジュールに従って開放するとは限らない。中国は，自国の産業や企業の育成や成長度合いを考えながら，自国主導で市場開放をコントロールしてくるだろう。とくに，中国が自らを発展途上国と規定しているため，途上国待遇の猶予期間を求める可能性もある。

　中国の市場開放で競争力の弱い産業は大きな影響を被る可能性が大きい。とくに，大きな課題は，流通，金融，保険，情報などのサービス産業である。中国が社会主義計画経済をとってきたため，中国のサービス産業はあまり発展していない。自国の競争力が弱いサービス産業の保護育成と市場開放の兼ね合いが問題になる。とくに，2006年12月には外資系銀行の銀行業務の完全開放が始まり，金融市場の開放は，人民元の切上げ問題や国有企業の不良債権問題と関係が深いため大きな課題となる。

中国の市場は，非常に不透明である。人治の国であるため人的要素が大きな役割を占めており，行政や法律の運用にしても，よく言えば弾力的，悪く言えばいい加減であいまいである。また，中央政府と地方政府の関係も，「上に政策あれば，下に対策あり」の言葉のように，地方の党・行政当局が中央政府の方針通りには動かないことである。地方政府は，自らの地域の開発や利益を優先させる，いわば地域優先保護主義に走る。地方の党・政府が大きな既得権や裁量権を持っている場合，中央政府がいくら市場開放を叫んでも地方保護主義が開放の障壁となる可能性が大きい。

米国は，まず，WTO加盟の合意事項に従った開放を求めることになる。その後，市場開放における機会の平等だけでなく結果を求めることになるだろう。米国は，中国の不透明な対応に対して，結果重視を求めることになる。市場開放すれば輸入が増大するのは当然の結果であり，結果が出ない限り市場開放にはならないという論理で，数値目標を設定し，市場開放要求をすることにもなりうる。

2-5 中国の資源・エネルギーの確保

中国が経済成長を維持していくためには，膨大な資源・エネルギー需要が発生する。中国の経済成長は，膨大な労働力や資本を投入することによってなされる，いわば粗放型ともいえるもので，資本効率は悪く，膨大な原材料・エネルギーを浪費するものといえる。そのため，今回の原油の価格上昇の原因の1つにもなっており，世界経済に影響を及ぼしている。

中国のエネルギー消費量はこの10年間に1.7倍となり，米国に次ぐエネルギー消費大国となっている。このままいくと15年後には米国とほぼ同じレベルになると予想される[5]。今後，中国が経済成長を続けるためには，資源・エネルギーの安定確保が必要とされる。もし，確保できないときは，重大な成長の制約要因となる。資源は有限である。新たな資源の発見や新エネルギーの開発には時間と膨大な費用がかかるため資源は制約される。中国の重要な貿易政策の1つが，資源・エネルギーの安定確保である。

中国は資源の安定確保のために経済外交を積極化している。欧米系メジャーに中東諸国の権益を握られているため，イラン，ウズベキスタンなど中央アジア，スーダンやアンゴラなどのアフリカ，ベネズエラやブラジルなど中南米，そしてロシアと資源の安定確保と調達先の多様化を目指している。中国石油天然ガス集団公司（CNPC），中国石油化学工（シノペック）中国海洋石油（CNOOC）のような石油大手は積極的に海外で石油開発に関与し始めている。

一方，米国も巨大なエネルギー消費国である。米中両国が自国の良好な経済を維持するためには，資源・エネルギーを安定的に確保しなければならない。そのため，資源が有限である限り，限られた資源をめぐり奪い合いになる可能性が大きい。

中国の弱点は，資源開発への参加と権益確保が後発であり，有望資源を欧米メジャーに抑えられている。また，資源価格への影響力もない。一般的には消費大国は，価格決定に対し影響を及ぼすが，資源・エネルギー市場は，欧米のメジャーや資源保有国に押さえられているのが現状である。

また，資源・エネルギー確保は世界の安全保障と大きく関係し，どの国でも重要な戦略的課題であり，世界的な確保の大競争を引起す。とくに，米中の資源をめぐる争いは世界の覇権と平和をめぐる戦いともなる。

中国の資源・エネルギー確保戦略は，輸入の安定確保のほかに，資源関係企業の買収も行われ始めている。巨額な外貨準備高の積み上げによって豊富な資金をもとに買収をおこない始めた。中国海洋石油（CNOOC）の米石油大手のユノカルの買収問題は，安全保障と大きく関連しているため，米国議会の警戒論や反発などが強まり，頓挫した。

さらに，食糧の確保も問題になる。中国の農業は競争力が弱い。また，中国は農地を工業用地に転換しており，農業生産の増大は望めない。中国は経済成長によって食糧の輸入国に転化していく。所得増加が，食糧需要の増大となり，さらにより高級で高価な食糧を求めるようになる。食糧の安定確保もブラジルやアルゼンチンへの接近などに見られるように重要な貿易政策と

なる。米国は食糧の最大輸出国であり，米中は食糧をめぐっても相互依存関係になるのか，それとも摩擦を引起すのか大きな問題となる可能性がある。

3．米中貿易摩擦の可能性

　全世界が市場経済に移行した現在，貿易や資本取引の自由化が進展し，企業は国境を越えて国際的な事業展開を行い，グローバル化が進み，世界経済の相互依存関係，緊密化が実現していった。米国の貿易政策は，貿易や投資の自由化，グローバル化の実現へとむかっている。一方，中国は，1990年代から現在に至るまで，高度経済成長をたどり，巨大な輸出国となり，欧米諸国あるいは世界各国と大きな摩擦を引き起こす可能性は大きい。

　中国と米国の関係は経済的には市場経済という基本原理がありながら，政治的には資本主義国と社会主義国である。また中国は国内に大きな経済格差を抱え，発展が不均衡な途上国大国である。両国には，強い政治・外交力があり，米国は，現在の強さを覇権の保持・強化ということで主張するし，経済成長を続ける中国は，アジアにおけるリーダーシップを確立することを目指すであろう。

　しかし，世界のグローバル化が進展し，国際分業体制は緊密化し相互に依存し合っている状況下で，米中間で貿易摩擦を激化させることは相互の利益にならないと考えられるが，以下，米中の貿易摩擦の可能性について検討してみる。

3-1　貿易摩擦の抑制要因
3-1-1　両国経済の相互依存関係

　現在，米国・中国ともに多くの懸念材料があり，米国では住宅バブルの崩壊や金融危機，インフレ懸念など，中国も過熱経済や環境問題など問題を抱えている。世界的にも景気後退が懸念されているが，すでに述べたように，両国経済は，相互に経済的な依存関係を形成している。関係の破壊が大きなコスト，不利益をもたらす。米中関係はシャム双生児との見方もある。政治

的に異なる体制であるため，顔は異なるが，腰はつながっている。つまり経済的にはお互いになくてはならない存在になっているとの見方だ。中国は世界の生産拠点として世界に低廉の製品を供給し，一方，米国はそれらを輸入する偉大なる消費国となっている。中国の急成長は輸出に支えられており，また，米国企業にとって中国は重要な投資対象国で，今後有望な市場と考えられている。米国の消費は中国の貿易黒字による外貨の米国への資金循環によって支えられ，可能となっている。

今後，中国は世界の生産基地から巨大な消費市場へと転化していく。経済成長と所得水準の向上は消費市場としての大きな潜在力が予測される。それは，中国の経済成長が輸出主導から内需主導へと転化することを意味する。米国企業にとって見ると，摩擦を起こして対立するより，中国市場の獲得が大きなテーマになる。このように米中は相互依存関係によって成り立っている。

3-1-2　WTOの紛争処理機能の充実

1980年代日米貿易摩擦が激化した時期と比べると，貿易紛争の処理機能の充実があげられる。つまり，貿易摩擦の解決策として，WTOの紛争処理機能がある。日米間の貿易摩擦が激化した当時は，ガット体制のもとで，紛争処理機能が弱かった。しかし，WTO体制の成立によって紛争処理機能が強化され，加盟国はそれを利用するようになっている。とくに，ネガティブ・コンセンサス方式の採用によって，全員一致の反対がない限り，紛争処理委員会で取上げ，審議，裁決される。また，時間的制限や違反に対する対抗措置を設けるなど紛争処理機能の迅速化や有効化がはかられた。

現在のWTOドーハ開発ラウンドの交渉は足踏み状態であり，FTA（自由貿易協定）の増加に見られるように地域連携が強まっているが，世界経済の相互依存が進行しているなかで，紛争を激化させることは自滅行為になる。WTOの紛争処理機能は依然として大きな役割を担っており，国際機関による紛争処理は，大国が一方的に圧力をかけるということは困難になり，国際的に説得できる論理が求められる。WTOの裁決を自国の都合で無視した

り，否決することは国際経済秩序の混乱や破壊となり自国の利益にならない。説得できない論理をごり押しすることは，自由貿易の論理を無視することであり，国際的な信頼を得ることはできなくなり，長期的な利益を確保できない。

3-1-3　米中の両政府は摩擦の激化を望んでいない

米国政府は，選挙などの政治日程においては保護主義的な対応をするが，基本的には，安定的な東アジアの経済発展と米国の関与を充実させることが長期的な利益なることを知っている。

地政学的レベルで考えると，ユーラシア大陸には，いわゆる不安定な弧といわれる地域がある。中東や中央アジア地域であり，この地域は豊富なエネルギー資源が豊富に存在する戦略的に重要な地域である。豊富なエネルギー資源を持つ中東地域・中央アジアは政治的，宗教，民族的にも不安定で紛争が絶えない。この地域を安定化させるためには，ユーラシア大陸の東西両地域の経済発展と安定が必要とされる。つまり，EUと東アジア地域の安定的な発展が求められる。東アジアが不安定化すると世界が不安定化し平和の維持は困難になる。米国は東アジアの平和的な発展を求めている[6]。

一方，中国政府も不安定化を望まない。東アジアの安定的成長は中国の経済成長を保証するものである。摩擦や混乱を起こすより妥協を選ぶ。また，市場経済に移行して以降，中国は国内的にも，また政府・共産党内部でも多くの国内矛盾を抱えている。矛盾をうまく処理できないと大きな混乱や崩壊をもたらす危険があり，そのためには，国際的な摩擦の激化は避けなければならない。

3-2　摩擦の誘発要因
3-2-1　政治的要因

米中関係は，経済問題では相互に依存関係があり摩擦の抑制となるが，日米摩擦が，日米安保条約という共通基盤のうえに成り立っていたため，日本の一方的な譲歩で決着したのとは，異なっている。

第Ⅰ部　米国・中国編

　中国と米国の政治体制の違いは大きい。政治的には，共産党の独裁政権という問題があり，独自の軍事力を持ち，アジアでのプレゼンスを増そうとしている中国は，米国の影響力をいかに弱めるか，排除するかという方向で動くであろう。台湾問題や南砂諸島での資源問題など政治・安全保障面での摩擦が激化すればそれが経済摩擦に影響をあたえる可能性は大きい。国際政治や安全保障と関係ある資源・エネルギー面の争奪戦が大きな不安定要因となる。また，それに関連して，ハイテク企業や資源関係など安全保障関連の米国企業買収は摩擦となる。つまり，摩擦を誘引させる要因は経済というより政治・安全保障面の要因に求められる。

3-2-2　懸念される将来の経済状態

　現在，米国も中国も経済的に懸念材料が増えつつある。中国は，2008年北京オリンピックや2010年上海万博までは国家目標があるため，それまでの間はなんとか経済を持続させるかもしれないが，その後の展望は定かでない。また，米国にしても，1991年6月以降，米国経済は順調に発展し，2000年初めの株価下落や2001年春の景気後退もあったが，それは一時的な調整に終わったが，2008年現在，米国のサブプライム・ローン問題に始まる金融危機，エネルギー・資源と食糧の価格騰貴や下落，世界的な景気の悪化や経済危機など，米国，中国とも経済の不安定性が強まっている。

　しかし，景気循環は市場経済の常である。摩擦の可能性は，米国経済の状況いかんである。米国の経済が後退しはじめ不況に向かえば，米国の保護主義は強まる。自国産業を保護・救済するために輸入制限に向かうことは確実である。米国の消費市場は中国製品のような安い製品の輸入によって成り立っているが，自国企業の倒産や失業の増大による雇用を守る必要があるからである。米国の活発な消費は，住宅や株などの資産効果によって支えられているが，米国経済に偏重をきたすことがあれば，世界経済にも米中関係にも大きな影響を及ぼす。

　それでは，中国経済はどうか。中国経済の急成長は，労働集約的製品の輸出の急増や資源・エネルギーの争奪戦を引き起こしていることは述べたが，

もし，不況に陥ったとき，WTOで約束した市場開放を履行できなくなるのではないか。WTOに加盟した中国は加盟条件として貿易や資本の自由化を約束したはずである。米国は，その約束の早急な実行を求めることになる。

さらに，大きな懸念材料は，中国の国内問題である。高度経済成長はさまざまな国内問題を生み出している。過熱経済あるいは過当競争，所得格差の拡大，環境悪化，党・行政府の腐敗，民族や宗教問題などさまざまの国内矛盾が起きているが，経済が成長し，所得が上昇していれば問題をなんとか先延ばしできるかも知れないが，必ず，経済成長の減速や失速などの調整期は来る。とくに，2010年以降，経済が不透明になると問題や矛盾が先鋭化する。国内の社会不安がおこり，共産党政権の弱体化と同時に国内引締め，独裁の強化という結果をもたらすのではないか。独裁強化がどのような形なって現れるのか。人民の不満を逸らすために，外に目を向けさせる排外主義に転化するかもしれない。そうしたとき米国や日本がターゲットになる。国内の矛盾がナショナリズムという形で，対外的に転化する可能性もある。いわゆる，国内の矛盾のガス抜きをねらった衝突が起こることが考えられる。

また，長期的視点で見て，中国がいつまでも世界の生産基地，米国が巨大な消費大国という関係を維持することは出来ない。中国の膨大な経常黒字，米国の巨大な赤字を継続することは出来ない。世界の経済構造が経済成長を引っ張り，良好な機能を果しているときはいいが，いつまで継続できるのかわからない。

おわりに：摩擦の行方

米国と中国の貿易収支の不均衡が拡大しており，米国には，2年毎に国政選挙という政治日程がある限り，当面選挙の争点作りとして，摩擦はでてくる。しかし，摩擦は，深まりつつある経済の相互依存関係の中で，コストが大きく，摩擦回避へ働く力も大きいと思われる。

少なくとも，短期的には，マイナーな摩擦にとどまると考えられる。中国は上海万博までは国際化を国策として押しすすめ，自国を国際基準に合わせ

ることを考える。しかし，米国発の金融危機を契機とした世界同時不況が長期化すると，保護主義が強まる可能性も大きい。「中国脅威論」が強まる可能性も大きい。「中国脅威論」は経済面と国際政治・安全保障面との2つにわけて考えられる。

経済面では，中国が労働集約製品や低付加価値製品の製造・組立て拠点である限り，問題は大きくならないが，ハイテク・高付加価値製品の生産まで組み込み始めたとき，他のアジア諸国は大きなダメージをこうむることになる。中国の一人勝ちが起こるのではないかとの懸念が強まる。そして，もし中国の経済状態が悪化することで，中国が輸出ドライブをかけ，国際経済の不安定状態を作り出すのではないかとも考えられる。

米国の利益が東アジアで確保できる限り，たとえば，東アジアの経済共同体に米国が関与し，自国の利益を確保できれば摩擦はマイルドなものになると思われる。しかし，中国が米国をなるべく排除しようとすると問題が大きくなる。これは中国と米・日の対立となって表面化しよう。

国際政治・安全保障面では，中国が東アジアで大きな政治力を発揮し，巨大な軍事力を持ち，アジアの不安定要因になるのではないかと懸念される。大きな問題は，経済というより政治・安全保障である。さらに，安全保障と大きく関係する石油・エネルギーの安定確保と資源の争奪戦が加わると，米中摩擦は，日米摩擦に見られるような経済面に限定した摩擦というより，政治・安全保障の性格を強く帯びた複合的な経済・安全保障摩擦となる。

日米貿易摩擦が，兄弟げんか的な摩擦であり，共倒れになる危険性はなかった。しかし，米中に関しては，政治的な対立も大きな影響を及ぼし，全面的対立となる。共倒れになる可能性も大きい。それは，政治体制の異質性と経済規模の大きさ，あるいはグローバル化に伴う相互依存性などから運命共同体ともいえる状況を作りつつあるからである。

今後，摩擦の発生は，米国と中国の国内からの矛盾や不満から引き起こされる可能性が高い。中国も共産党の一党独裁で国家をコントロールすることは難しくなり，自由化や民主化を段階的に取り入れ，社会民主主義的な政権

にならざるをえない。国内の不満解消を狙った「ガス抜き」型摩擦が頻発する可能性は高い。もし，全面的対立にいたるとすると，それは引き金を引いたほうが自爆することになり，共倒れ型摩擦にいたらざるを得ない。その可能性は小さいと考えられるが，もし，摩擦が深刻な状態になったとき，影響は米中二国だけでなく，日本を含めて全世界に及ぶ。今後は，米中間の摩擦をいかに小さくするか，あるいは回避するかは世界的な問題となる。

注
1) 『ジェトロ・センサー』2006 年 1 月号。
2) 『日本経済新聞』2005 年 11 月 9 日。
3) 『日本経済新聞』2006 年 1 月 12, 20 日。
4) 当問題に関しては，荻原正「日本企業からみた中国の知的財産制度の現状」，守誠「WTO TRIPs 協定と日中貿易〜知的財産権問題とその解決への展望」，報告論文，中国社会科学院・金融貿易経済研究所・愛知学院大学大学院経営学研究科共催『国際貿易と知的所有権フォーラム 2006』2006 年 3 月 24 日に詳しい。
5) 『朝日新聞』2005 年 12 月 17 日。
6) Z. ブレジンスキー（山岡洋一訳）(2003)『地政学で世界を読む―21 世紀のユーラシア覇権ゲーム』日経ビジネス人文庫。

第Ⅱ部

中国・日本編

第5章

内圧・外圧からみた中国の市場開放

— 1990年代を中心にして —

はじめに

　市場開放を促進したり抑制したりするプレッシャーとして,内からの内圧と外からの外圧がある。

　日本は外圧による市場開放である。日本が市場開放を行ってきた経緯をみると,外国,とくに米国から市場開放を要求され,しぶしぶ小出しに譲歩して,少しづつ開放に応じるというパターンであった。日本の市場開放は,外圧が促進要因だが,内圧はむしろ抑制要因となっている[1]。

　1990年代の時代状況をもとに中国の市場開放を,外圧,内圧という切り口で検討するとどうなるのかが本章の課題である。中国は,発展途上国であるため,経済開発のために市場開放を必要とするのではないか,開発促進という内圧がむしろ促進要因として強い働く内圧型市場開放ではないか,という仮説をたて検討してみたい。

1. 中国の開放政策の経緯

　革命樹立後の中国の経済発展は,社会主義体制のもとで中央集権的な計画

経済に基づいて行われた。また「自力更生」のスローガンにみられるように，外国の援助に頼らず農村を中心に経済開発をすすめ，対外的な接触は最小限におさえた。しかし，建国直後の低開発状態の経済建設に役立っても，生産力の更なる増強や経済効率を進めるためには阻害要因となってきた。生産力を強化し経済発展を促し，国民の生活水準を高めるために，改革・開放政策が必要になってきた。

中国の「改革・開放」政策は，1978年12月の中国共産党11期3中全会で採用された。不足している資金や技術，経営諸資源は外国資本の誘致や技術導入により海外から入手して，貿易を拡大して外貨を獲得し，生産力を強化し経済の発展を図ろうとする方針を打ち出した。

対外開放は3つの段階に分けられる[2]。

まず1970年代末から84年までの初期段階で，いわば「点の開放」である。中国初の外資導入関連法規が設けられ，80年に深圳，珠海，汕頭，厦門の4つの「経済特区」が設置された。これら地域は，優遇措置をもうけて外資が積極的に導入され，市場メカニズムに基づいて運営，開発される開放のモデル・ケースであった。84年5月に大連，天津，青島，上海など14の都市が「沿海開放都市」に指定された。外資企業への低税率や減免税など優遇措置を設け，外資の誘致や輸出の促進など都市独自の対外開放型の発展政策がとれるようになった。

第2に，1985年から91年末までの拡大段階で，いわば「線や面への開放」とも言える。85年2月には長江デルタや珠江デルタ，閩南デルタの3地域を「沿海経済開放区」と指定し，沿海地域を外資の導入と輸出の拡大で経済発展させ，内陸へと波及させることを意図した。さらに88年3月には遼東半島や山東半島などに拡大し，これら開放地域は，総面積で42万平方キロ，総人口の18％の2億1,000万人，国民総生産，財政収入，輸出額それぞれ全国の3分の1を占めるに至った。

そして第3段階として，1992年から現在に至る「全面的開放」である。92年初めの鄧小平の「南巡講話」を契機に全面開放の段階に入る。同年秋

には市場経済体制を確立することが決定された。開放が加速され，沿海部から内陸部にむかい，長江沿岸都市，国境都市，内陸部の省都など40を「内陸開放都市」に指定した。中国の開放は，沿海部の限定された地域（沿海）から長江流域のような大河に沿った地域（沿江），そして内陸部の重点都市（沿辺）へと地域的な広がりをみせた。いわゆる「三沿開放」である。

上記のように，点から線へ，そして面へという地域的な開放が進む一方，1992年の価格メカニズムを基本とする市場経済の採用は，市場開放の量的のみならず質的変化を促し加速させた。「モノ」の貿易取引をいかに自由化するかのために，関税の引下げや非関税障壁の削減や撤廃が行なわれ，為替取引や外資導入の制度的改善が行われる一方，「サービス」取引の自由化も行われはじめた。市場経済を成功させるためには，金融や流通などのサービス産業の育成・強化が必要とされるし，またWTOに加盟するためには，サービス分野の自由化は避けて通れない。

以上のように，改革・開放政策は着々と進み，量的にも質的にも全面的な開放段階にある現在，中国の市場をいかに開放していくのかが問われている。

以下の議論は，1992年以降の90年代を中心とする全面的な開放段階を念頭におき議論する。

2．市場開放の促進要因

2-1　内圧

市場開放を促進する内圧の第1に，上記に概略した改革・開放政策，いわゆるオープン・ドア・ポリシイがあげられる。外国資本を積極的に導入し，輸出を工業化の中心におく開発戦略をとった。そして，1992年以降は，市場経済を採用し積極的に開放政策をすすめた。

発展途上国である中国は，開発資金や技術が不足していたので，外国資本に頼った。低賃金を基本とする輸出産業や先端的な技術分野の産業の外資を積極的に導入した。また輸出を積極的に行い，外貨の獲得を目指した。外貨

が不足すると自国の経済開発に必要な資本財や原料，技術を海外から入手できないし，輸出志向工業化は，発展途上国の経済開発の成功パターンとして，NIEsやASEANで証明されていた。

第2の要因として，中国が国際経済社会への参加を強く希望したことである。国際経済が相互依存関係を強めることで各国の利益を実現しているので，高い経済成長を持続して達成するためには，開放的な政策を維持し国際経済体制への参加が不可欠である。国際経済への参加として，APECやWTO加盟がある。メンバーとして認められることは，国際経済社会での利益を得ることができるし，国際経済秩序の形成に一翼をにない発言できるということである。

第3として，国際社会への復帰や発言力の確保という政治的意味がある。中国が，市場経済を採用し急速な経済成長をとげ，潜在的な経済力が自他ともに認識されるようになってきたが，強まる経済的な力を背景にして政治的発言力を強化しようとしている。たとえば，香港や台湾のような領土問題，あるいはアジアでのリーダーシップの確立が課題となってくると，中国の国際政治の場での発言が重要になってくる。

自国を閉鎖しておいたままでは，国際社会での発言力は弱くなる。ちなみに，わが国が援助・支援などで多大な経済的貢献をしながら国際的な発言力が弱いのは，市場開放が十分されていないとの海外の認識が要因の1つであるとも思われる。

2-2　外圧

中国の市場開放は外からも求められている。

第1に，米国からの自由化・市場開放が強く求められている。

もともと米国政権の通商政策のポイントは，輸出の促進である。大きな貿易赤字に悩む米国は，貿易相手国の市場障壁をいかに低くするかの貿易交渉が行なわれてきた。中国は現在，大きな貿易黒字をもっており，とくに，対米黒字は日本の対米黒字に次ぐ額になっており，大きな開放圧力となる。

第5章　内圧・外圧からみた中国の市場開放

　さらに，中国の潜在的な市場規模の巨大さがある。経済成長の速さや人口の多さなどを考えると市場の巨大さが想像され，いかに中国市場を確保するかが問題になる。中国市場をなるべくはやく開放させ，米系企業が市場確保することが求められている。

　第2に，中国のWTO加盟問題は内圧であると同時に外圧でもある。中国を国際通商体制のルール下におくこと，およびルールづくりに参加させることは，国際経済秩序の安定と発展のために必要とされている。

　たとえば，中国の加盟問題が，1996年11月マニラで行われたAPEC会議で，クリントン・江沢民の米中首脳会談で，第一議題に取り上げられ，加盟支持の方向で動き出した。クリントン政権の対中戦略も，「中国を国際社会に深く引き込むことである。中国を国際社会のルールを守るだけでなく，ルールづくりに積極的な役割を担うよう期待される大国として扱おう」[3]と，より積極化した。

　WTOに加盟するためには，中国の貿易制度をWTO原則に合わせなければならないし，並行して財やサービス貿易の自由化交渉が行なわれなければならない。WTOに加盟して，自由な国際取引の利益を得るためには，自らも自由化しなければならない。そのため，中国も積極的に加盟に向けて対応した。

　ちなみに，中国は1986年にガット加盟申請し交渉を開始した。その後，天安門事件などが起こり交渉の遅れや後退があったが，95年のWTO発足に合わせて加盟を実現しようとして積極的に市場開放した。94年1月に2,898品目の輸入関税を平均8.8%引下げ，平均関税率を35.9%に引き下げた。また非関税措置の削減にも取組み，輸入代替リストの廃止や輸入許可証対象品目を93年から3年間で3分の1に削減するなどを約束し実行した。

　こうした関税率の引下げや非関税措置の削減・廃止にもかかわらず，加盟条件をめぐって折り合いがつかず，WTOの最初からのメンバーになることが出来なかった。しかし，その後も1991年に加盟したAPECメンバーとして市場開放をすすめ，WTO加盟への実績作りも着々と進んでいる。97年

10月現在，4,874税目（全輸入品目の約3/4にあたる）について輸入関税を平均で26％引下げ，平均関税率は17％になっている。また，輸入割当・輸入許可証を必要とする対象品目も92年の1,247品目から97年6月には374品目（35種類）に減少した。

3．市場開放の制約要因

3-1　内圧

　市場開放は，利益だけでなく痛みもともなう。保護されて利益を得ていた産業や階層がいたのだから，反対意見もでてくる。

　第1に，中国の国有企業改革がうまく行くかが問題である。国有企業は工業総生産に占める割合は約3割程度であるが，固定資産においては5割，労働者については7割以上を占めている。しかし，国有企業は不振である。市場経済のもとで，社会保障の役割もにない利益追求に慣れていない国有企業は，生産力や効率という経済についていけない。市場開放による自由な競争の導入は，不振である国有企業を一層危機においこみ，倒産や失業の増加を招くことになる。

　国有企業は，社会福祉を含めた人民が生活するための「生活共同体」としての性格が強い。国有企業はもともと高い効率と収益を追求する生産体制ではないので，市場経済のもとで利潤追求の企業体に変革するためには，多くの困難が伴う。自由競争の市場経済に巻き込み，社会主義体制のもとで持っていた既得権益を放棄させるのは，非常に難しいし，その過程で多くの失業者をうむ。

　第2に，中国経済の減速傾向がある。中国は8％の経済成長を目標にかかげてその実現を図っているが，アジア通貨・金融危機によるアジア通貨の切り下げによって人民元が相対的に切り上がったため，輸出の伸び悩みがみえる。また長江の洪水による被害など自然災害により経済成長が減速気味である。外資導入も減速気味であり，順調に発展してきた経済にかげりが見え始めた。そうした経済のマイナス要因は市場開放の制約要因になる。

第3に，中国には，政治的な抑制要因も強い。急速な市場開放に反対する共産党の保守派もいる。政治は共産党主導で，江沢民，朱鎔基の経済優先・開放路線がリーダーシップを握っていれば良いが，反対勢力も無視できない。反対派にとって，急速な開放の進展はみずからの権力基盤の崩壊になるからである。

　社会主義市場経済は，共産党の一党主導によって国家の統合を図りながら価格メカニズムによる市場経済を実現しようとするものである。しかし，市場経済がうまく機能しなかったとき，あるいは現執行部が経済政策に失敗した時，社会主義の観念的な理想を想定した保守派が阻害・抑制要因になる可能性がある。

3-2 外圧

　中国のWTO加盟は，促進要因にもなるかわりに抑制要因にもなる。WTOの利益を得るためには，自らも義務や負担を果たさなければならない。加盟条件の厳しさがある。その条件をクリアしなければならない。その条件の厳しさは，発展途上国並みか先進国並みかで違って来る。

　中国は，当然，自らを発展途上国と規定し，途上国並の緩やかな条件をもとめるが，米国を初めとして，中国の高い経済成長や貿易黒字の額，潜在的な経済力を勘案して先進国並の市場開放条件を主張する。あまりに，厳しい加盟条件は，自国の経済状態から考えて認められないとして，加盟を延期する，あるいは急がないという交渉姿勢になる。

　とくに，WTOの重要な交渉課題にサービス産業の市場開放がある。中国のサービス面の開放は始まったばかりである。開放が予定される中国のサービス産業に，金融や国内流通，貿易，電信，観光，広告などがあるが，これらは社会主義経済下で未発達でいまだ競争力の弱い幼稚産業であるため，いかに強化するかが問題となっている。とくに，市場経済化の推進にとってカネやモノの流れを司る金融（銀行・証券）や流通は重要課題である。外資の参入は近代化のために必要とされるが，かれらの支配は望ましくない。そこ

で，中国政府の方針は，国内の混乱を避けながら「段階的」に開放しようというものである。

行政改革，国有企業改革とならんで金融改革は，朱首相の三大改革の1つである。不良債権の処理や脆弱な金融システムの改革や強化が緊急課題である。金融市場の開放は，少しずつすすむにしても，外資をコントロール出来ないような開放がアジアの通貨・金融危機の原因の1つであるため，性急な開放要求には応じられない。

第2に，円安や東南アジアの通貨・金融危機が市場開放をためらわせる要因になる。現在，人民元は相対的に高くなり，輸出に影響を及ぼしはじめている。中国は資本財や部品の輸入によって輸出を促進してきたという側面もあるため，元高は輸入品の価格の引下げに役立つという面もあるが，輸出主導の経済成長・工業化をたどってきた中国にマイナスの影響を及ぼす。また，人民元の切下げは，アジア，あるいは世界経済の混乱を招くことになり，ひいては市場開放を遅らせることになる。

4．自国主導の市場開放

上記のように開放促進要因も，条件によって抑圧要因に転化する。また，市場開放には，必ず痛みがともなう。痛みを緩和し，いかに自国に有利な開放をするかが問題となる。

4-1　逆外圧

わが国の場合，市場開放は一方的な外圧によって行われてきた。政治のリーダーシップがないため，市場開放によって損害を被る国内の既得権者を説得できないで，米国により強く圧力を掛けてくれるように内密に依頼したケースもあったときく。これを逆外圧と日本ではいっている。外国の圧力で譲歩を重ね，仕方なく開放するのだということにして責任の所在をあいまいにしてしまうやり方である。これは変則的で日本的逆外圧である[4]。

しかし，中国の場合は，自らが選んだ開放政策である。自国に有利な開放

を求めて，相手国にかける外圧が逆外圧といえる。

　中国は強い外交力がある。これは中国の歴史的伝統ともいえる。原則を押し通し譲らない。日本のように米国に安全保障面で大幅に依存するばかりでなく，政治的・経済的にも依存しているため，常に米国の目を気にし圧力に受動的な国とは異なり，中国は外国（とくに，米国）への依存がないため，外圧に負けない。むしろ，相手国に圧力を掛ける強い交渉力を持っている。たとえば，中国の対米貿易黒字は，米国債の購入に使われているが，米国債を売却するという交渉チケットもつかえる。売却されて困るのは財政赤字に悩む米国サイドである。

　中国と米国は対等な交渉が可能であるように考えられる。1997年10月の江沢民の訪米や先のクリントン大統領の訪中を，自らのリーダーシップで成功に導いた。たとえば，「3つのノー」つまり，台湾の独立，1つの中国・1つの台湾，国家単位を条件とする国際機関への台湾の加盟を認めないという中国の方針をクリントンに認めさせている。

　中国は，自国の経済，政治状況にあった開放を求めるようになってきた。たとえば，外資の選別規制をする。何でも歓迎から，外資の優遇政策を自国の経済発展状況（地域格差の是正・解消）にあわせて転換する。地域を沿海地域から内陸部へ，業種的にも輸出産業や先端技術を優遇，さらにインフラ部門や基礎工業へと外資を利用するようになってきた。

　中国は，かつて社会主義が成立してから，計画経済のもとで工業化を推し進め，「自力更生・自給自足」を目的とする自己完結型の工業生産体系を目指した。そうした国家建設の経験から鉄鋼や自動車，重電，建設機械など重工業の基幹産業をすでにもっている。問題は技術的に遅れているために，そうした分野への技術協力が重要課題になってきている。そこで，外資なら何でもいいのではなく，いかに中国の経済開発や技術力の向上に役立つかが，外資受入認可の条件になる。

　WTO加盟条件についても発展途上国並みの緩和を求め，加盟交渉を急がない。大幅な譲歩を行って市場を開放しても，国内の混乱や外資による支配

を招くのではないかと懸念している。

4-2　逆内圧

日本は強い政治的なリーダーシップがない。市場開放を政治が責任をもって主体的にやってこなかった。しかし，中国は共産党主導という強い政治，リーダーシップがある。自国に有利な市場開放をもとめて，国内をまとめることができる。

中国は社会主義市場経済を宣言したが，それは資本主義経済とどこが異なるのか。社会主義の経済運営は計画経済を基本とするから，社会主義と市場経済は矛盾する概念と考えられる。しかし，価格メカニズムを利用する以外に効率的な経済開発・成長が出来ないと自覚した中国は，市場経済の道をたどったが，支配体制は共産党主導を残した。つまり，政治と経済の分離である。社会主義という政治体制を残したうえで，経済運営は資本主義の価格メカニズムを採用したのである[5]。

5．課題・問題点：市場開放のスピード

市場開放の促進あるいは抑制のどの要因が最も大きく作用するかを考えると，中国は市場開放の促進要因が非常に強い。現在，一時的後退はあっても，市場開放を取り止めて，閉鎖経済に後戻りするという選択はない。開放の促進要因をいかに伸ばし，抑制要因をどのように小さくするかが課題となる。

そのポイントは，社会主義市場経済とのバランスである。市場経済を採用しても，多くの社会主義的残滓を引きずっている。たとえば，国有企業改革である。それが急速に改革されるとは考えられない。

問題は，市場開放のスピードである。中国が，自国にもっとも有利な開放を進められるかどうかがそのポイントになる。たとえば，WTO加盟の動向として，中国は急がない姿勢がみられる。最近のクリントン訪中にしても，WTO加盟問題は，議題にならなかった。

外資依存により国内経済の混乱を招く可能性があるため，東南アジアの通貨・金融危機からの経験から性急な金融市場の開放に懐疑的である。外資をコントロールできる管理システムが不備であるかぎり，WTO 加盟を急がない。中国は，APEC 内でやって行けるし，米国から最恵国待遇を得られればとりあえずよいといえる。自国の産業が十分力をつけないときに，不本意な加盟条件を受け入れて市場開放をすると，外国の産業に圧倒されてしまう懸念がある。不利な条件で WTO に加盟する必要はないという姿勢である。

中国は，高い経済成長と市場経済化に伴い，サービス産業の育成が図られている。サービス産業の育成は，WTO 加盟のために必要である。1992 年にサービス貿易の市場開放について承諾しているが，外資系のサービス産業に圧倒されないように国内のサービス産業を充実させなければならない。またサービス産業は，失業が問題になっている現在，多くの雇用を吸収する役割を担っている。農村部や国有企業の改革から生み出される過剰労働者，都市部に存在する過剰労働力を吸収する必要がある。サービス産業の市場開放は，今後の発展に重要である。

以上から考えて，中国は自国の経済発展・開発を行なうために，積極的に市場開放を打ち出した内圧主導であるが，いかに自国に有利な市場開放をおこなうかというリーダーシップをとった自国主導型の市場開放ではないかと考えられる。

注
1) なぜ日本は外圧依存型なのかは，いくつかの要因が考えられる。たとえば，日本はフルセット型産業構造のため，市場開放をあまり必要としない経済の構造的問題がある。また，「縦割り行政」であるため総合的な政策調整が困難で，政府のリーダーシップを期待できない日本政治の政策決定システムも影響している。
2) 馬成三『中国経済がわかる事典』1995 年 8 月，ダイヤモンド社，154～163 頁を参照。
3) ハリー・ハーディング「「米中」安定の基盤固めを」朝日新聞，1996 年 11 月 18 日。
4) 最近，日本の逆外圧も変わりつつある。「ノーといえる日本」は自己主張をする逆外圧といえる。たとえば，橋本前首相の米国債売却発言も一種の逆外圧と考えられる。また，写真フィルム紛争のように WTO の紛争処理機能を活用してパネルに訴

え，外圧をかわすという方法も取られるようになった。
5）ロシアの市場経済の混乱・崩壊状態は，ロシアが政治改革を優先したが，政府への信頼や強力な政治的リーダーシップが育たなかったことが大きな原因となっている。政治主導による市場経済への移行をおこなわず，自然発生的な市場に任せたため，市場をコントロールできず，無秩序状態が発生している。

第6章

中国のWTO加盟の推移とその後の進展

はじめに

　中国の市場開放を進める要因として，WTO加盟があり，それは，市場開放の内圧要因であると同時に外圧でもある。しかし，前章で論じたように，中国の市場開放は自国主導で内圧促進型である。

　本章では，中国の市場開放の視点より中国のガット・WTO加盟について論じる。問題意識は，中国の加盟がなかなか実現しなかったのは何故かその推移を辿りながら検討することである。中国のガット・WTO加盟交渉を，5期に分けて考えられる。つまり，第1期ガット加盟準備期（1979～86年），第2期ガット加盟初動期（86～92年），第3期ガット加盟積極期（92～94年），第4期WTO加盟積極期（95～97年），第5期WTO加盟慎重期と加盟実現（97～2001年）である。

　本論は，第4期以降を中心にその特徴や促進要因を説明する。そして，第5期では，加盟交渉がスローダウンするように思われたが2001年に加盟が実現した。その要因と加盟実現後の中国の通商政策の動向や課題を検討する。

1．中国のガット加盟交渉の推移（第2，3期）

　中国は，1979年「改革・開放」政策を開始し，国際経済システムと接触しながら経済成長と蓄積を続け，8年間のガットへ参加する準備期間（第1期）をへて，86年7月に加盟申請した。翌年に加盟にむけた作業部会が設けられたが，89年に，天安門事件がおこったため，中国の民主化・人権抑圧が加盟の阻害要因になった。その後，92年に加盟交渉が再開され，94年12月，WTOの発足に間に合わせる形で加盟交渉を急いだが，米国の厳しい条件の要求によって内外無差別や内国民待遇などWTOの原則と折り合いが付かず，加盟交渉は決裂してしまった。

　なぜ，中国のガットへの加盟交渉が，これほどまで長引いているのか。なぜ，米国は厳しい条件を出しているのか。ちなみに，メキシコの場合，中国の申請の前年1985年にガットに加盟申請したが，1年の審査期間をへて翌86年には加盟が認められている。

　第1に，当初は，改革・開放政策を打ち出した社会主義国の中国を，国際経済の場にどのように受け入れるか，また中国サイドからいえばどのように受け入れられるのか，その方法が互いに分からなかったのである。第2に，そうしているうちに，1989年6月に天安門事件，同年11月にベルリンの壁の崩壊があり，90年に入ってから東欧・ソ連の崩壊が続いた。そのため，通商・経済的交渉が政治問題に転化していった。つまり，社会主義の崩壊過程において，市場経済への移行期にある社会主義国中国とどのような関係を持つかが政治的にも，経済的にも煮詰まっていなかったし，定まってもいなかった。

　第3に，政治的な要因のほかに，経済的なものもある。つまり，中国の経済成長が急速にすすみ，経済規模が急速に拡大し，世界経済・貿易への影響力が急速に大きくなったことである。そのため，米国は中国にどのように対処するか戸惑ったし，中国も図体は大きくなっても，発展途上国としての意識であるため，加盟条件が折り合わなかった。さらに，複雑になったのは，

ガットが急速に質的な変化をしはじめた。1986年に開始されたガットのウルグアイ・ラウンドにみられるように，交渉対象もより広くなり，困難な農業やサービス貿易，知的所有権など新たな分野が追加されたため，加盟合意の条件が拡大していったのである。

中国のガット加盟交渉が具体性をもち，積極化していったのは，1992年以降である。

まず，第1に，中国が天安門事件の混乱を収拾し，92年に社会主義市場経済体制を確立し，全面的な開放段階に入り，高い経済成長を示しはじめてからである。1992年から95年にかけて，中国は4年連続して平均12％という二桁の高成長が続いた。また，中国の国内総生産を購買力平価ではかった推計を世界銀行や国際通貨基金が発表した事により，中国の経済力が確認された。世銀の推計によると中国の国内総生産は2兆ドル近くになり，現在の高い成長力が続くと21世紀初めには日本やアメリカを追い越してしまうとの観測もなされた。

一方，米国が中国を本格的な通商交渉の相手として認識したのは，中国が本格的に市場経済体制をめざし，外資を導入し，高い経済成長と貿易の拡大に努めるようになってきたからである。また，中国が驚異的な経済成長をしめし，中国の潜在的な成長力が現実味を帯びてきたからである。米国にとって，中国は政治的大国であるだけでなく経済的にも大きく成長する大国としての可能性がでてきた。また，米国の経済的利益を実現する市場としても認識されるようになった。そのため，なるべく中国から多くの譲歩を引き出し，中国市場を確保するという意図や目的もあきらかに認識されるようになってきた。とくに，1993年クリントン政権が発足してから，米国の輸出の拡大や雇用の創出がかれの通商戦略になり，中国市場の重要性が一層増した。

交渉が難航したのは，米国は中国を自らの輸出市場として確保するために，先進国並みの開放という厳しい加盟条件をつけているのにたいし，中国は発展途上国としての義務しか負えないと主張しているからである。ではな

ぜ，中国は発展途上国並みの義務しかおえないと主張するのか。中国は自らを途上国と認識しており，「過去の社会主義と将来の市場経済の合間」にいるため，中国の経済発展レベルに応じて市場開放を漸進的に行わなければならないと考えている[1]。中国の改革・開放政策を自国のペースで漸進的改革を行い，なるべく国内的な混乱を起こしたくないということである。社会主義に市場経済という資本主義を継ぎ足すには，国有企業への影響が大きいために，国内の経済的な混乱を最小限に抑えたいため，なるべく義務を少なく，権利を多く獲得しようとした。国内では，赤字経営の国有企業にだけでなく，今後の発展が期待される自動車，電子，機械などの幼稚産業でも，開放による競争よりも政府の保護を必要とするため，加盟に慎重論も強くある。

　国有企業の不振や失業の恐れ，国内での不均衡な経済発展など問題が発生しており，加盟条件については腰を据えて交渉し，あえて妥協して，不利な条件で外国企業に広大な市場を開く必要はないとのことである。とくに，中国はWTO成立時における原加盟国になろうとする戦略が失敗してからは，加盟をあまり急がなくなった。

　しかし，中国は，発展のために一層の開放を必要としている。国内にとどまっている限り，成長・発展は制約されるので，改革・開放政策は，もうあと戻りはできない。しかし，自国の経済体制と産業構造を対外的に開放し世界経済に組み込むことの必要性は理解されているが，そのスピードをどうするか，急速な開放を求め，世界市場と結びつくメリットと，それによって起こる国内の混乱のどちらが大きいかが，判断材料になる。

2．中国のWTO加盟条件（第4期）

　1995年WTOが発足してから，中国はWTO加盟にむけて着々と準備した。同年7月には，WTOのオブザーバーとしての資格を取得した。ビデオやコンピュータ・ソフトのコピーなど知的所有権の侵害の問題がおこり，一時交渉は中断したときもあったが，同年11月大阪で行われたAPEC（アジア太平洋経済協力会議）会合で4千品目に及んで，平均関税率を35.3%か

第 6 章　中国の WTO 加盟の推移とその後の進展

ら 23％ に引き下げる関税の大幅引き下げや輸入数量制限など非関税障壁の撤廃などを発表した。そうした実績を強調して，再度，12 月に WTO 加盟申請を行った。

　WTO 加盟は，中国の経済成長に大きく貢献している対外経済活動に多くのメリットをもたらす。たとえば，諸外国の輸入制限の緩和や撤廃，最恵国待遇の安定的確保による輸出の拡大，国際ルールにもとづく貿易紛争の解決，さらに円滑な外資や技術の導入による経済発展などが考えられる。しかし，こうした恩恵を受けるためには，払わなければならないコストや遂行すべき義務がある。

　中国の WTO 加盟交渉は，中国の経済・貿易制度が WTO 原則にあっているかどうかという審査と加盟の契約書ともいえる議定書案について検討される。さらに，並行して関税や非関税障壁の引下げや撤廃交渉，サービス業種の外資への開放，知的所有権措置などが対米，対日など二国間で交渉される。

　議定書交渉では，次のようなことが問題にされている。中国企業を実質的に優遇している外国貿易業務の許可制，外国企業への諸差別，各種の輸入数量制限，機能のはっきりしない政策や法令の不透明性，国有企業への融資による実質的な補助金，部品の中国国内調達要求などである。中国は社会主義国であるため国有企業を優遇しており，市場経済と合致しない制度が多々ある。以下，いくつかの問題を論じてみよう[2]。

　中国は社会主義のもとでもともと外国貿易が一部の企業に制限されていた。しかし，市場経済化への対応と WTO 加盟を目的に 1994 年 4 月に公布され 7 月に施行された対外貿易法においても，外国貿易権（対外貿易法第 9 条）は維持され，輸出入業務について，政府許可を得た企業のみが従事できるとしている。そのため，実際は，一部の中国企業に制限され，外国企業は外国貿易の権利を取得するのが難しくなる。これは内国民待遇（ガット 3 条 4 項）に反する。これに対し，中国政府は，WTO 加盟を審議する作業部会にて，外国貿易の自由化の方針を明らかにして，現在の政府許可にもとづく

外国貿易権の制度を，加盟してから3年後には撤廃するとの方針を示した。実現されれば外資を含めて中国のどの企業も自由に貿易に参加できるようになる[3]。

基準認証制度も内外差別的である。たとえば，輸出入商品検査法（1989年6月施行）は輸入品と国産品で異なる検査機関が担当するので，実際には，検査基準が不明確で輸入品が厳しく審査されるなど規制されやすい。事実上の内外差別の存在が懸念されるため，検査基準・手続きの内外共通化や一元的な審査体制が求められる。

幼稚産業を保護し，将来基幹産業として育成する産業政策は，国家が過度に関与しすぎるため問題視される。たとえば，自動車産業がある。「部品の国産品優先策」は，内国民待遇（ガット第3条）に，自動車の「数量制限や認可」は，数量制限の禁止（ガット第11条）に，「輸出比率に応じた融資や所得税の優遇」は輸出補助金の禁止（補助金協定第3条）に，「国産化率に応じた優遇関税率の適用」は，ローカル・コンテントの禁止（TRIM協定第2条1項）に，それぞれ抵触するおそれがある。なお，輸出補助金やローカル・コンテントなどTRIMの禁止規定については，2000年までに他の途上国並みに廃止することを約束している。さらに，省ごとに保護政策が異なったり，赤字企業への補助金の支出などWTOのルールに逆行する「貿易歪曲的」な政策が行われている。

WTOルールでは数量制限の一般的禁止（ガット11条）を規定しているが，中国側では，数量制限等で制限品目が多い。たとえば，中国のWTO加盟には，農業分野での市場開放が求められている。米国産の小麦，柑橘類，豚肉，鶏肉などの輸入制限が問題にされている。1996年3月時点では，数量制限や輸入許可，公開入札で数量制限されている約400品目を加盟時に原則的に撤廃するとしており，また，加盟時に出来ない品目については，一定期間のうちにすべて撤廃するとしている。こうした方針について中国側の姿勢を評価しながらも，具体的内容や期間，制度の透明化などについて，より一層の提案が求められている。

第6章　中国のWTO加盟の推移とその後の進展

　WTO成立後は，加盟条件が一層厳しくなっている。つまり，従来のガットが財の貿易取引の関税や非関税障壁の引き下げや撤廃が中心であったが，それに加え，サービス取引や知的所有権，貿易関連投資措置などWTOで取り扱う領域が広まった。とくに，サービス分野は中国が社会主義計画経済であったため発達してこなかった。そのため，市場開放は国内の未発展産業に被害や損害を及ぼす可能性があり，開放の進展は遅ざるを得ない。また発展途上国はもともと知的所有権に対して，それを保護し尊重する意識は薄い。そのためコピー製品がつくられやすい。

　たとえば，米中間には，知的所有権の問題もある。これまで知的所有権の保護について幾度となく，対立，報復合戦を演じている。1995年2月に，海賊版の作成行為を取り締まる対策の実施など即時実施で合意している。しかし，こうした合意を中国がどれだけ守れるかが問題になった。米国は，合意が順守されていないとして，96年4月スペシャル301条優先国に指定し，同年5月15日，中国の知的所有権侵害に対し，総額30億ドルの対中制裁リストを発表した。一方，中国も報復措置を発表し，制裁発動期限の6月17日まで交渉が難航しもつれたが，米中ともに決裂よりも合意を期待しているため，交渉は収まった。中国は，加盟後WTOの知的所有権規定（TRIPS）を承認する方針を出しているため加盟へのハードルが除かれている。法制度自体の整備（「商標法」「特許法」「技術契約法」「著作権法」「コンピュータ・ソフト保護条例」「反不当競争法」など）も進んでいるが，企業や国民の知的所有権に対する意識の低さとあいまって，どれだけ実効ある措置が採られるか信頼性に問題が残る[4]。

　また，中国は，サービス協定（GATS）の受け入れを表明しているが，サービス協定の理解が不十分との懸念もある。また，外国人と中国人とのサービス料金に差をつけた二重価格などの協定に一致しない国内措置もある。

　以上のような問題点について中国も認識している。たとえば，呉家煌氏（税関総署関税司司長）は，中国のWTO加盟の問題点として，関税と非関

税措置，貿易制度の中国全土の統一的な実施，貿易政策の透明性の4点をあげ論じている[5]。

しかし，すでに述べたように，中国は自らを発展途上国として認識している。マクロ的には中国経済の躍進は目覚しく，経済・通商大国としての潜在力も大きいし，それが現実のものになりつつある。しかし，ミクロの次元で見ると，国民の所得水準や産業水準は低く発展途上国といえる。発展途上国であるため多くの保護措置や外国企業，製品に差別的措置が残っているため，中国は加盟にあたって発展途上国としての義務しか果たせないと主張する。一方米国はマクロの次元で，中国の経済成長と潜在力の大きさに注目し，さらに巨大な中国市場をなるべく早く確保したいとの思惑も絡み，先進国レベルの加盟条件を主張する。こうした認識が，加盟条件をめぐって食い違う元になっている。

米国は，市場経済のグローバル化を展開しており，経済成長が高く成長軌道に乗った中国やインドなど発展途上国を先進移行国と位置づけ先進国並みの市場開放を求める方針に転換した[6]。一方，中国は，途上国としての義務しか負えないとして対立している。

米国と中国がどこかで折り合いをつけ，中国のWTO加盟実現へとなる可能性が大きい。中国にとって，改革・開放をすすめるうえでもWTO加盟は必要である。米国にとって，通商大国である中国を世界の通商システム・ルールに巻き込む必要がある。多角的な貿易体制に中国を加盟させる事は，世界の経済・貿易の安定的発展に欠かせない。しかし，加盟が認められるには，自国の通商制度をなるべくWTO協定と一致させることであり，貿易制度の不透明性を改め，差別的な輸入制度を撤廃するなどの改善が必要となる。

3．中国のWTO加盟交渉の積極化
――積極的開放（第4期）

1995年WTOが成立してからも，米中両国ともに，加盟に積極的であった。

第 6 章　中国の WTO 加盟の推移とその後の進展

　1990 年代に入り，冷戦はすでに終了しており，政治より経済が重要課題であった。米国は，91 年 3 月以降連続して景気の拡大を継続し，95 年頃には，はっきりと国際競争力の強さを自覚して経済的覇権を回復したようにみえた。世界市場でのコンピュータによる情報化と市場競争によって，米国主導の国際経済秩序の再編成がはじまっていた。中国を国際通商秩序に包摂し，その負担や責任を持たせるためにも，WTO 加盟は必要とされた。

　一方，当時，中国にも WTO 加盟を急ぐ政治・外交的な配慮があった。それは 1997 年 7 月の香港の返還である。香港は WTO 加盟地域であるため，中国が加盟していないと一国のなかに，未加盟国でありながら加盟地域も存在するという形になる。また台湾も現在加盟申請中（1990 年にガット加盟申請，95 年 12 月 WTO 加盟申請）であり，どうしても台湾が先に加盟する事は避けたい。国際経済社会で，台湾が先に認知されることは認められないというメンツの問題もある。

　WTO 加盟をめぐる台湾と米国政府との交渉も，農産物市場の開放や金融サービスの規制緩和など 5 分野について詰められていた。かなり大詰めの段階であり，米国政府も台湾との交渉を，中国政府への圧力として利用し，中国の WTO 加盟の推進材料としていた。中国と台湾の同時加盟が，一致した国際世論であろう。しかし，台湾は先進国並みの加盟条件であるが，中国の場合は，発展途上国としての義務を求めていろいろ留保が付けられている。中国がどれだけ，先進国側の要求を受け入れるかが決め手となる。

　中国の加盟問題は，1996 年 11 月マニラで行われた APEC（アジア太平洋経済協力会議）で，クリントン・江沢民の米中首脳会談の第 1 議題に取り上げられている。クリントン政権の対中戦略は，中国を国際社会に深く引き込み，国際社会のルールの遵守だけでなく，ルールづくりにも積極的な役割を担うよう期待し，加盟支持で積極的に動き出している[7]。

　中国の輸出量が増大し，貿易黒字が蓄積されるにともなって貿易摩擦が発生してきている。とくに，繊維製品にたいして，輸入制限や高関税賦課などの締め出しが行われようとしている。こうした摩擦も中国が WTO に加盟し

ていないことが原因の1つでもある。摩擦は二国間で交渉すると政治問題化しやすいので，多国間での解決が望ましい。そのためにもWTOへの加盟は必要とされる。

中国も加盟推進に意欲的である。対外貿易法や会社法，労働法，手形法など経済関係の法的整備を進めている。またWTO加盟条件作りも行っている。1996年末までに平均関税率の半減をめざして，92年から，関税引き下げや輸入許可証管理品目の削減を数回にわたって行ってきた。94年1月から，人民元の二重レートを取り止めた為替レートの一元化や為替管理制度の改革を行った。また，1996年11月マニラのAPEC会議では，現行23%の平均関税を2000年までに15%にさげる方針や384品目まで減らした輸入数量制限品目をさらに順次，撤廃するなどの計画をしめしている[8]。さらに，96年11月1日行われた中国加盟問題をあつかうWTO作業部会で，「WTO協定にそぐわない法律や政策を今後新たに打ち出さない（スタンドスティル）との方針を表明」している。さらに最近では，産業政策の再検討もはじめ，国産優遇策をとる自動車・同部品を含め，重要部品の輸入割当て制度の撤廃時期前倒しの検討を明らかにした[9]。

中国は1997年入ってからも，積極的にWTO加盟条件の整備を急いだ。加盟後の貿易業務の許可制の改善や二重価格制の廃止などを発表した。同年11月には2005年までに平均関税率を10%までに下げることを明らかにした。また，外国企業との合弁商社の設立を認可することやWTO加盟後，外銀の人民元業務を5つの経済特区に拡大することなどサービス市場の開放も進みはじめてきた。輸入品の検査制度，進出外資への輸出要請，外資の流通業への参入問題などクリアしなければならない問題も多いが，中国政府は，翌98年のクリントン大統領の訪中時には加盟交渉を決着したいという目標を公表していた。

4．WTO加盟慎重期と加盟実現（第5期）

加盟問題は，市場開放と国内産業の保護のバランスである。市場を早急に

開放すれば加盟条件はクリアできても，国内の産業に重大な損害を与え，中国のような巨大な市場が混乱を起こすと世界経済に大きな損害を引き起こす可能性もある。

WTO加盟は，享受できる利益があるが，一方，加盟によって支払わなければならない義務とコストがある。WTOが貿易の自由化をすすめる機関である限り，自国産業に苦痛や犠牲を与えるものであっても，自国も発展に応じた自由化をしなければならない。対価を支払う事で，利益を得られるのである。

1998年6月末，米国のクリントン大統領が訪中したとき，中国のWTO加盟問題は議題にも上らなかった。前年の10月の準備段階では，WTO加盟が決着するのではないかと考えられていた。この半年くらいの間に急速な交渉の進展がなかったし，むしろ，WTO加盟交渉で中国の対応が慎重になったのではないかと思われる。加盟条件をクリアするために開放を積極的に受入れ実行するには，市場開放をめぐる外的および内的状況が悪化し，国内の混乱を引起こす可能性が強くなった。中国はWTO加盟を強く望んではいるが，対応が慎重になったといえる。

まず，外的状況について，アジアの通貨・金融危機の影響が段々深刻になってきたことである。

1997年夏のタイ・バーツの暴落によってはじまった通貨・金融危機は，タイ一国にとどまらず，東アジア全体の経済危機や失業による社会的不安を引起こすに至った。さらに，ロシアや中南米の経済危機にまで発展し，そうした危機の中で米国のヘッジ・ファンドの失敗は好調と思われた米国経済にも大きな影響を及ぼし，世界的な経済危機が懸念されるようになってきた。

金融市場の自由化・開放により大量の短期の外資が流入し，国内経済の金融システムの未成熟から外資をコントロールできずバブルに至り，結局，外資の大量流出によって通貨の大暴落を招き，経済に大きな打撃を被ったアジアの経験から中国は自国の市場開放に慎重になりはじめた。

一方，東南アジア通貨の大幅下落によって，中国は東南アジア諸国と輸出

第Ⅱ部　中国・日本編

が競合する製品が多いため価格競争力の低下に直面している。輸出によって経済成長をとってきた中国に人民元の切下げなど懸念材料がでてきた。人民元の切下げは東南アジア諸国の為替切下げ競争になる可能性も強く避けたい選択である。

　人民元の切下げを見越して闇市場では，ドル需要が強まり元相場が低下しはじめたり，ドルの海外逃避も出始めた。元が切下がると外資の流入は減少してくるし，対外債務の負担が増して来る。こうして現在，WTOの重要な交渉課題である金融市場の開放については慎重になってきた。むしろ外貨管理を厳しくし取引規制に動き出した。外国為替市場の混乱を避けるために開放よりも規制による安定が必要とされるようになった。

　第2に，WTO加盟交渉が，経済問題より国際政治の取引材料になってきたことである。1999年に入っても，WTO加盟交渉の大きな進展はなく，同年4月に，朱鎔基首相が米国を訪問したが，中国のWTO加盟問題の決着は先送りされた。2000年に次期ラウンドが開始されるので，年内に加盟交渉が合意されるよう目指された。しかし，5月にNATOによるユーゴスラビアへの武力介入において，ベオグラードの中国大使館が誤爆され，中国の対米批判が高まった。なかなか中国の加盟に合意しない米国に対して中国国内では，李鵬全人代常務委員長に見られるように，加盟時期について「年内にこだわらず」との発言も出てきた。一方，米議会でも，中国の核技術スパイ事件の特別報告書が公表され，対中強硬姿勢が強まった。米中相互の不信感が高まり，WTO加盟が不透明になってきた。

　次に，内的状況であるが，朱首相の掲げる国内の三大改革（国有企業改革，金融制度改革，行政改革）の進展が思わしくないことである。もともと改革は，既得権益と衝突するため，スムーズに進まないのが一般的である。さらに，共産党の主導という社会主義を残して，経済構造は市場経済に転化しようとしているため，改革の困難は一層強くなる。とくに，国有企業改革は，金融の不良債権問題とも関係し，企業の倒産・失業という社会問題になる可能性が強い。

国有企業の不振は，市場経済のなかで，社会主義とどのように折り合いをつけるかが機能していないからである。国有企業は利潤を追求する企業というより，従業員の衣食住を満たす社会福祉を実現するものであり，退職後の年金資金の負担も請け負っている。また，市場経済の運営ノウハウにも慣れていないため，需要を無視した生産拡大や過剰在庫を抱えて赤字に陥るケースも多い。

　金利の引き下げや資金提供などを通じて，こうした国有企業の経営不振をどのように立て直し，活性化し，軌道に乗せるかが課題になる。しかし，いかに破産させて整理するかも重要な課題である。朱鎔基副首相（当時）は，ずさんな投資・生産活動によって経営難に陥っている国有企業について，破産させるべき企業は破産させ，合併できる企業は出来るだけ合併させると，国有企業のリストラを指示した[10]。また，破産法の起草者で経営コンサルタントである曹思源氏も，国有企業の経済全体に占める割合は20％以下でよく，残りは破産させるか，合併させるしかないと言っていた[11]。

　改革は必ず失業の問題と関係する。行政改革も行政のスリム化であるし，国有企業の改革も，余剰人員をどうするかであり，もし失敗すると大量の失業が発生し重要な社会問題となる。1997年3月1日から始まった全国人民代表大会でも国有企業の改革を強調し，同年9月の共産党全国代表大会では経営を効率化するために国有企業への株式制の導入を決定した。

　国有企業改革の停滞は，市場開放の進展を遅らせる。もともと，中国国内には，WTO加盟にためらう意見もあった。共産党内部にも反対が多くある[12]。改革・開放政策が社会の腐敗や経済格差をもたらしたという評価や市場開放による外国製品の流入は，社会主義から市場経済への移行期にあたり，国際競争力の弱い中国の製品や産業，企業に打撃を与えるという。とくに，現在，国営企業の経営がおもわしくなく，WTOに加盟して対外開放を進めると，さらに倒産や失業が増えるし，WTOに加盟しなくても海外からの投資や貿易も増加しているのだから，急いで加盟する必要はないとの慎重な意見もある。WTOの加盟は，国有企業の改革の進展をにらみながら進め

ざるをえない。中国は人口も多く，国内の経済的，社会的混乱を避け，安定を優先せざるをえない。

　上記のように，WTO加盟に慎重な対応を示しながらも，中国は着々と加盟に向けて準備してきた。すでに述べてきたように，中国の市場開放は自国主導の内圧型である。十分市場開放に耐えられるにもかかわらず，外圧によって開放を強制され，しぶしぶと小出しに開放する日本型とは異なり，自国の経済開発や経済状況によって開放のスピードを速めたり遅らせたりし，市場開放を急がない。自国主導の内圧・漸進型ともいえる。

　中国の対外通商政策には，いくつかきれるカードを持っている。すなわち，WTOという多国間貿易体制への参加，APECや中華経済圏という地域経済協力体制への参加，2国間協定の締結である。どれが一番自国に利益をもたらすのか，それを短期的だけでなく，中長期的に考えながら選択している。しかし，中国の高度経済成長も順調に進んでおり，また，WTOへ参加して，国際的な通商秩序を維持，形成に参加することも求められており，2001年11月，ドーハの閣僚会議において新ラウンドの開始に間に合わせるように，中国のWTO加盟が実現した。

　中国は，WTO加盟に際し，国際ルールの遵守と市場開放の約束をした。即座に実行しなければならないものや時間的猶予をあたえられたものがあるが，それを履行する義務がある。中国のWTO加盟条件には，加盟後10年間，経過的審査制度が設けられなど，他の加盟国と比べて厳しい面もあるが，加盟議定書に基づく法令の見直しや改正を順調にすすめており，平均輸入関税率（単純平均）も加盟時13.6%から2004年1月1日10.4%に低下している。そして，サービス分野の外国貿易権も条件付ながら開放されたし，自動車ローン会社の設置や物流分野でも開放が進展している。一部の分野では遅れが見られるし，開放された分野でも不十分な面も多々見られるが，これまでのところ概ね予想の範囲で順調に推移しているように思われている[13]。今後，中国の制度や政策決定，執行などにおける不透明性や特殊性がどれだけ改められ，WTOルールに合致できるようになるかが問われる。

5．積極化する FTA の展開

　1995 年 WTO 成立以降，とくに 99 年のシアトル閣僚会議の失敗などにより，WTO の新ラウンドの立ち上げがうまくいかなかった。その後，2001 年 11 月のドーハ閣僚会議での新ラウンドの立ち上げ以降も，03 年メキシコのカンクーンでの WTO 閣僚会議では農業問題を巡って決裂するなど，今後の見通しもはっきりしない。こうしたなかで，最近の通商政策は，多角的 WTO 交渉から地域あるいは二国間の FTA（自由貿易協定）重視の流れになってきている。とくに 1990 年代の後半になってから FTA が急増している。

　FTA が自由化を促進する，あるいは WTO を補完するという考えが認知されるようになってきているが，東アジアでは，FTA の取り組みが遅れた。多角的交渉である WTO への期待が大きく，また，自然発生的な相互依存的な発展を遂げてきたため，欧米的な契約や協定に基づく方式がアジアではあまり必要とされなかった。しかし，1997 年のアジアの通貨・金融危機以降，その必要性を認識するようになった。自然発生的な経済成長が限界になってきたともいえる。自由化がある程度まで進んだりすると，欧米的な契約や協定など強制による経済成長が必要とされるようになった。とくに，ASEAN では，経済成長の低下や外資の減少に対する危機感から FTA に対する取り組みが積極化していった[14]。中国でも，WTO 加盟交渉に目途がついた 2000 年前後から，東アジアにおける FTA に関心を示し，積極化していった。中国は，東アジアでの政治・経済的なリーダーシップの確立を目指すようになった。

　中国は，2002 年 11 月に，ASEAN との間に FTA の枠組み協定を結び，10 年以内に完成させることで合意した。タイとは 2003 年 10 月から農産品約 200 品目の関税撤廃をすることを決め，ASEAN との交渉の前倒しの一部となる[15]。また，同年 10 月には，ASEAN 10 ヵ国に日本，韓国，中国を加えた ASEAN プラス 3 での東アジア自由貿易圏を提唱するなどその積極姿勢が目立っている。東アジアも契約や協定によって自由化をすすめる欧米型のグ

ローバル化へ移行してきているといえる。

では、中国はなぜFTA交渉に熱心になってきたのか、その意図は何であるのか。

第1に、貿易・投資の自由化の促進があげられる。中国は、1990年代に高い経済成長を実現し、21世紀に入っても経済成長を持続しており、また、2001年にはWTO加盟をはたし、国際経済においてその存在が大きくなりつつある。中国は経済が成長するに従って貿易の自由化の必要性が強まっている。中国市場を開放し、一方締結相手国の市場にも参入するという発展する相互の市場の確保を意図している。また、中国は、東アジアにおける華人資本の誘致を狙っている。中国資本を海外に進出させる政策も始めつつあり、中国資本の進出先の確保ということもある。

第2に、国内改革が考えられる。WTO加盟によって市場開放・自由化の促進が求められている。中国は、グローバル化の流れは不可避との認識があるが、なかなか国内の改革が進まないのが現状である。とくに、国有企業改革のように外国の産業との競争を強いられ、倒産や失業などの懸念が大きい場合、なかなか改革・開放は進展しない。そのため、FTAによって国内経済を国際基準やルールに合致するよう国内の改革を促し、そのスピードをあげるための外圧として利用しようとしている。

第3に、東アジアにおける政治外交的リーダーシップの確立である。FTAによる経済統合が、通商交渉上の手段となりバーゲニングパワーとなり国際政治や外交にも影響を与え、ひいては地域の安全保障や平和と大きく関係がある。

中国は、2000年前後から東アジアの自由貿易圏によって、欧米に対抗する勢力の形成が必要と考えるようになった。つまり、多極化の形成である。地政学的必要性から、経済的にも高い成長を続けており、発展する東アジアのハブとならんとしている。成長する中国市場を開放することで、「中国脅威論」を払拭しようとする意図もある。そして米国やEUとの交渉においても力を示し、また、国際政治でも大きな影響力を持とうとしている。

ASEAN プラス 3（日・中・韓）の東アジア共同体構想も，米国の一極支配，ユニラテラリズムに対する対抗力としての戦略でもある。

　今後とも東アジアの経済は成長し，相互の貿易や投資も増し国際分業や相互依存関係が形成されていく。東アジアの経済統合は，FTAA（米州自由貿易地域）の米大陸，EU（欧州連合）の欧州につぐ第3の極として，東アジアの経済共同体として進展していくと思われる。その中で，中国は確実に国際化を進め，WTOや地域連携，二国間交渉と，いわゆる「マルチトラック・アプローチ」ともいえるあらゆる外交手段を使って，東アジアのリーダーとして，国際政治・経済において，名実ともに発言力を増していくことは確実であると考えられる。

年表　中国経済の国際化：改革・開放政策，WTO 加盟，FTA 交渉など

＊1978 年	12 月：改革・開放政策の実施を決定（中国共産党（以下中共と略）11 期 3 中全会）
＊1979 年	1 月：中・米国交樹立
＊1980 年	8 月：深圳，珠海，仙頭，厦門での経済特区設置を認可
＊1981 年	1 月：国務院「技術導入と設備輸入に関する暫定条例」を公布
	6 月：文化大革命を否定（中共 11 期 6 中全会）
＊1982 年	9 月：中共 12 期大会，市場経済の部分的導入
＊1984 年	5 月：大連，天津，青島，上海など 14 の沿海都市を「沿海開放都市」と指定
＊1985 年	2 月：長江デルタ，珠江デルタ，閩南デルタを「沿海経済開放区」と指定
	5 月：国務院「中華人民共和国技術導入契約管理条例」を公布
	9 月：プラザ合意，ドル高・円安是正へ
＊1986 年	4 月：「中華人民共和国外資企業法」を認可（当日から公布・施行）（100% 外国投資受入れの整備）
	7 月：ガット加盟復帰申請
	10 月：国務院「外国企業の投資奨励に関する決定」を制定（外国投資の優遇措置を体系的に規定）
＊1987 年	6 月：ガット中国作業部会の設置
	9 月：中共中央と国務院が海南島の省への昇格と経済特区の設置を決定

	10月	中共13期全国代表大会「社会主義初級段階」と規定，一層の改革・開放を推進，市場原理の役割を明確化「国家が市場をコントロールし，市場が企業を誘導する」
＊1988年	1月	趙紫陽・中共中央総書記「沿海地区経済発展戦略」の談話を発表（新華社報道）
	3月	国務院，対外貿易体制改革の深化を決定（新華社報道）
	7月	「台湾同胞の投資奨励の規定」を公布
＊1989年	4月	全国外国投資企業工作会議開催。外資の効率的導入の必要性を強調
	6月	「天安門事件」発生，先進各国が対中経済制裁措置を発動，ガット加盟交渉中断（92年2月に再開）
	11月	APEC発足
＊1990年	3月	日中投資促進機構が東京で正式発足
	4月	上海浦東開発区を対外開放
	5月	「外国企業の大規模土地開発経営暫定管理方法」「都市部土地使用権の譲与・譲渡暫定条例」を公布・施行
	12月	対外経済貿易部「外資企業法実施細則」を公布
＊1991年	1月	輸出補助金の廃止等を内容とする新しい対外貿易体制改革案を公布・施行
	11月	上海で初の海外向け人民元特殊株式（B株）発行 中国，台湾・香港とともにAPEC加盟（ソウル会議）
＊1992年	1-2月	鄧小平深圳，珠海，上海など南方視察，改革・開放と経済発展の促進に関する談話（「南方視察講話」）発表，全面的開放段階へ入る
	2月	中国ガット加盟交渉再開
	3月	中共政治局全体会議開催，改革・開放加速化路線を確認，以後，沿海・沿江（長江）・沿辺（国境都市）をふくむ「三沿開放」へと発展
	10月	中共14期全国代表大会開催，社会主義市場経済体制の確立を決定
＊1993年	3月	第8期全人代第1回会議開催，社会主義市場経済体制の確立を憲法に追加
	11月	中共14期3中全会，市場経済化のプログラムを決める「社会主義市場経済体制確立の若干問題に関する決定」を採択 江沢民国家主席，APECシアトル会議出席のため訪米
＊1994年	1月	人民元レートの一本化を実施（93年12月中国人民銀行「外国為替管理体制改革に関する公告」に基づき実施）

第6章　中国のWTO加盟の推移とその後の進展

	3月：国務院「90年代国家産業政策要綱」を採択（外国投資導入を中国の産業政策に合致させるために，奨励業種，制限業種，禁止業種のリストを公布）
	4月：ウルグアイ・ラウンドの最終合意文書の調印
	5月：クリントン米大統領，人権問題を切り離して対中最恵国待遇供与を1年延長 「中華人民共和国対外貿易法」（市場経済化への対応とガット・WTOルールへの接近を目指す新中国初の貿易に関する基本法）公布，同年7月施行
	12月：ガットの中国部会第19回会議，中国の年内加盟見送りを決定
＊1995年	1月：WTO（世界貿易機関）発足
	2月：知的所有権保護に関する米中交渉（米国94年末，知的所有権保護のために対中制裁措置の発動措置発表）決着
	6月：「90年代国家産業政策要綱」にそった「外国投資産業ガイド目録」を正式に発表（外国投資を認可する基準を決める新外資政策）
	7月：中国加盟に関する非公式協議をジュネーブで開催，中国，WTOのオブザーバーの資格を取得
	11月：米国，中国のWTO加盟に対して関税引下げやサービス貿易の市場開放など新条件を提示
	12月：WTO加盟申請
＊1996年	2月：知的所有権をめぐる米中貿易紛争再燃
	3月：ジュネーブでWTO中国作業部会第1回公式協議
	4月：中国，4,963品目の輸入関税率を引下げ，平均関税率を36％から23％へ，また176品目の非関税障壁を撤廃
	5月：米政府，知的所有権問題で総額30億ドルの対中制裁リストを発表
	6月：中国，海賊版のCDなどの摘発強化を約束し，米中知的所有権交渉決着
	7月：中国人民銀行は，国務院の批准により，外資企業による銀行窓口での外貨売買取引を実行することを決定
	9月：中国，外国企業に試験的に貿易会社を認める暫定規定を公布
	11月：APECマニラ会議，クリントン・江沢民の米中首脳会談，中国のWTO加盟問題が第1議題にとりあげられる。中国，2000年までに平均輸入関税率を15％に引下げ，2020年までに非関税障壁の撤廃を表明

	12月：国際通貨基金（IMF）8条国に移行（経常取引における自国通貨と外貨の交換性付与） 人民元業務を浦東地区で興銀，第一勧銀など邦銀4行を含む外銀9行に初めて認可
*1997年	1－2月：日本，EU，米国が北京で中国と相次いで二国間協議 2月：米中繊維交渉決着 3月：WTO中国作業部会で，外国貿易権についてWTO加盟後3年で撤廃することに合意 5月：WTO中国作業部会（第4回公式協議），司法審査義務，無差別規定で合意，二重価格制度を加盟までに撤廃すると表明 7月：香港返還 タイ・バーツ暴落，アジア経済危機始まる，年末には人民元の切下げ懸念 中国，外国企業に合弁商社の設立を認可 8月：WTO中国作業部会（第5回公式協議），数量制限の撤廃期限や基準認証など市場アクセスについて協議 9月：中共15期党大会，国有企業の株式会社化の推進を決定，朱鎔基副首相が輸入設備免税措置の復活の意向を表明，サービス業の段階的開放をうたう橋本首相訪中　日中二国間交渉にてモノの市場アクセスに実質的に合意 10月：江沢民国家主席訪米 4,874品目（全体の約74％）の輸入関税率の引下げ，平均関税率を23％からさらに17％へ引下げ，1998年のクリントン米大統領の訪中時にWTO加盟交渉決着の目標を公表 11月：江沢民国家主席，2005年までに平均関税率を10％に引き下げると表明 12月：中央経済工作会議，金融サービス業分野の段階的開放を認める
*1998年	1月：新たな「外国投資産業ガイド目録」を発表，奨励業種と制限・乙業種について設備の輸入関税および輸入増値税が再び免除（93年をピークとする外資の落ちこみに対する新たな外資優遇政策） 中国，日本をはじめ諸外国の法律事務所20社の国内業務を新たに認可 2月：米国と台湾の二国間交渉が合意 3月：第9期全国人民代表大会，「改革・開放政策」の発展のために「3大改革（国有企業改革，行政改革，金融制度改革）の

		断行の方針を打ち出す，朱鎔基新首相選出
	6月：	クリントン米大統領訪中，中国のWTO加盟問題主要議題にならず
	7月：	密輸取締まり強化を打ち出す
	8月：	外国銀行の人民元取扱業務の認可拡大など国内金融市場の対外開放を一段と進める
	9月：	外貨の国外流出を防ぐため外貨管理の強化
	11月：	江沢民主席，訪日
＊1999年	1月：	製造業の大手国有企業など約6千社に対し新たに輸出入権の付与を決定：輸出のテコ入れとWTO加盟の輸出入完全自由化に向けての地ならし
	4月：	朱鎔基首相訪米，中国のWTO加盟問題決着を先送り，年内加盟を目指す
	5月：	NATOによるベオグラードの中国大使館誤爆により，中国の対米批判たかまり，WTO加盟不透明，李鵬全人代常務委員長，加盟時期「年内にこだわらず」と発言
		いっぽう，米議会でも中国の核技術スパイ事件の特別報告書により対中強硬姿勢
		米中相互の不信感たかまる。中国のWTO加盟不透明となる。
	6月：	米政府，対中最恵国待遇1年更新を発表，恒久化を見送る
		主要国首脳会議（ケルン・サミット），中国のWTO年内加盟を支援
	11月：	中国のWTO加盟問題に関する米・中交渉　最終合意
＊2000年	9月：	米国　対中恒久正常貿易関係法案を可決（対中恒久最恵国待遇を付与）
＊2001年	1月：	新「税関法」（関税率は平均6.6％引下げ）正式に施行，密輸の取締り強化
	2月：	米国務省　中国の人権状況悪化を指摘（『2000年版人権報告』）
	7月：	朱鎔基首相　国家工商行政管理総局を視察　①偽造品の製造・販売の取締り，②登記・登録管理の強化，③不正競争，独占取締りに向けた法執行強化，④商標・広告の監督・管理強化に関して重点的取組みを指示
	8月：	国家発展計画委員会，「第10次5ヵ年計画と世界貿易機関（WTO）加盟による国際競争力工場に関する重点特別事業計画」を公布
	9月：	中国WTO加盟に関する2国間交渉を協定調印によりすべて

	終了，WTO 中国作業部会（第 18 回），15 年にわたる作業部会の任務をすべて終了
	11 月：ASEAN・中国，10 年以内に自由貿易協定締結の方針
	第 4 回 WTO 閣僚会議（ドーハ）にて，中国の WTO 加盟を決定，中国加盟議定書に署名
	12 月：中国の WTO 加盟議定書発効
*2002 年	2 月：ブッシュ米大統領訪中
	3 月：中国　鉄鋼セーフガード問題で WTO に対米協議を要請（WTO の紛争解決制度を初めて利用）
	9 月：国家経済貿易委，米ウォルマート，仏カルフールなど世界の小売上位 450 社の半数以上が中国に出店との発表
	10 月：江沢民主席　米国訪問
	11 月：中国・ASEAN FTA を含む包括的経済協力枠組み協定に署名
*2003 年	5 月：SARS 感染拡大。隣国との国境一時封鎖，中国人の入国制限 114 カ国
	6 月：中国・タイ　農産物 188 品目の関税撤廃に合意
	9 月：WTO 閣僚会議（メキシコ・カンクン）決裂，新ラウンドの枠組み合意見通し立たず
	10 月：APEC 閣僚会合，WTO 新ラウンドの再活性化，テロ対策を議論
*2004 年	5 月：EU 新規加盟（中・東欧 10 カ国），拡大 EU 25 カ国へ
	8 月：WTO 新ラウンド枠組み合意，論点を先送りして決裂回避，新ラウンドの最終合意期限（05 年 1 月 1 日）を最低 1 年延長
*2005 年	3 月：米国外国投資委員会，聯想による IBM パソコン部門買収を承認
	7 月：人民元相場を対米ドルで 2％切上げ，複数通貨による為替調整制度に切替え
*2006 年	11 月：中国の外貨準備高，初めて 1 兆ドルの大台を超える
	12 月：06 年の中国輸出入総額，史上最高の 1 兆 7,580 億ドルに達する見通し，WTO 加盟の 01 年と比べ 1 兆 2,000 億ドル増加
*2007 年	1 月：06 年の貿易黒字は，過去最大の 1,774 億 7,000 万ドルと発表
	4 月：米政府　違法コピー商品の対策が不十分と WTO に提訴と発表
	6 月：米国で中国製玩具，中国産輸入魚介類有害物質により回収，以後各国でも同様な動きが相次ぐ
*2008 年	8 月：北京オリンピック開催

第 6 章　中国の WTO 加盟の推移とその後の進展

（出所）馬　成三（1995）『中国経済がわかる事典』ダイヤモンド社．
　　　　今井理之・大久保勲（1998）『中国経済 Q&A 100』亜紀書房．
　　　　中国研究所編（1999～2008）『中国年鑑』．
　　　　『朝日新聞』『日本経済新聞』『読売新聞』その他資料を利用して作成．

注

1）『人民日報』1996 年 3 月 25 日．
2）中国の WTO 加盟交渉の条件面の進展状況について，通商産業省通商政策局編『不公正貿易報告書』（1996-98 年版）を参照．
3）『日本経済新聞社』『朝日新聞』1997 年 3 月 7 日．
4）"Day of The China-Bashers", *Business Week*, March 17, 1997.
5）呉家煌（1996）「中国与世貿組織接軌：問題及経験教訓」『国際貿易』第 11 期．
6）『日本経済新聞』1997 年 8 月 23 日．
7）ハリー・ハーディング（1996）「「米中」安定の基盤固めを」『朝日新聞』11 月 18 日．
8）『朝日新聞』1997 年 1 月 14 日．
9）『日本経済新聞』1997 年 3 月 12 日．
10）『朝日新聞』1997 年 3 月 5 日．
11）『日本経済新聞』1997 年 3 月 7 日．
12）"The Party Is The Problem", *Business Week*, March 10, 1997.
13）安田啓・牧野直史（2004）「中国は WTO 加盟でどう変わったか」『ジェトロセンサー』4 月号，第 54 巻第 641 号．
14）向山英彦（2003）「地域経済関係の強化を図る ASEAN」『アジアクラブマンスリー』12 月号．
15）『日本経済新聞』2003 年 6 月 12 日．

第7章

日本のFTA交渉の対応と課題

―農業と外国人労働力の受入れを中心として―

はじめに

　日本は，2002年1月シンガポールとの間にFTA（自由貿易協定）を締結し，また「東アジアコミュニティ」構想を提唱するなど，WTO中心からFTAの地域協定に舵を切り始めた。メキシコとのFTA交渉も，2004年3月難航の末，合意に達した。その後，フィリピン，マレーシア，チリ，タイ，インドネシアなどとの間で締結に至っている[1]。

　シンガポールとの交渉では農業問題を含まないので，国内での調整をあまり必要としないものであり，むしろ現状を協定によって確認するという性格が強く，アジアではじめて締結したFTAといった政治的アピールを狙ったものである。メキシコとのケースは，日本企業の実害が明白で産業界の危機感に後押しされた防衛的なものであり，日本が積極的にリーダーシップをとって合意に達したというより「防衛的対応」である。

　現在，日本には，アジア諸国との間で締結あるいは交渉中のFTAがいくつかあるが，その取組みは，中国や韓国，ASEANなど他のアジア諸国の積極性と比較すると，慎重であるようにも思われる。FTA締結の必要性は認

識されても，今後の交渉はなかなか進まない，あるいは深まらないのではないかと考えられる。本章は，アジアの途上国との交渉で要求が強まり，難しい交渉課題である農業問題と外国人労働力の受入れを中心に，問題を整理し，今後の課題について検討してみる。

1．日本のFTA交渉への対応

1-1　対応が遅い理由
1-1-1　センシティブな交渉対象

日本が目指しているのは，単なるFTAではなく，EPA（経済連携協定）で，直接投資ルールやサービス貿易，通関手続き，など幅広い分野での自由化交渉であるが，アジアの交渉相手国から見れば，日本の工業製品の貿易障壁は充分低くなっており，かれらの興味ある分野は，農水産物や労働力の受入れなどである。これらは，日本では，非常にセンシティブな分野の市場開放であるため，なかなか受入れがたく，相互の合意に至るのがなかなか難しい。

WTOでも，農水産品は困難な交渉課題であるが，FTAでも，ASEANは農産物全般の自由化，タイでは米や鶏肉，エビ等魚介類，タピオカなどの関税撤廃，フィリピンでは，バナナの関税撤廃，マレーシアでは，合板・木材，熱帯果物や水産物などが求められている。アジア諸国との交渉で最終的には，コメが大きな交渉課題になることは確実である。

サービス分野の自由化として，外貨獲得を目指したヒト（労働力）の移動がある。フィリピンやインドネシアとは看護士，介護士の就労許可，タイではタイ式マッサージ士や介護士，医者などが求められている。

上記の交渉分野が，従来から厚く保護されてきた分野で，政治・社会問題化しやすく，選挙との関係が大きく，改革が困難なセンシティブな交渉品目である。国内の構造改革や調整を伴うため，その痛みやコストを回避したいという要求が強まる。

1-1-2　グローバル化に対応できない政治と政治体制

　グローバル化は大きな変化や改革を必要とする。新しい変化や方向を示し，それにむけて実行できる政治やその体制ができていない。外務省や経産省，財務省，農水省，労働厚生省などがそれぞれの立場で省益を主張する。その主張はそれぞれ理解できるが，国全体で見た場合新たな方向性を示したり納得できるものとはならない。またそうした縦割り行政が一元化された外交交渉を困難にしている。また，現在，従来国内中心の省庁と思われてきた農水省や労働厚生省が，グローバル化された世界の外交交渉で大きなパワーを発揮し抵抗勢力となっている。

　外交交渉に，米国のUSTR（米国通商代表部）のような大統領府に直属の一元的な組織が必要との意見がある。政府は官邸主導による「経済連携促進関係閣僚会議」のようなものを想定しているようであるが，しかし，議員内閣制と縦割り行政の日本で内閣がリーダーシップを発揮し，利害調整できるかどうか疑問である。米国においてさえ，TPA（貿易促進権限）というファスト・トラックを獲得して初めて米国大統領は交渉を強く促進できるのである。

　また，政府の外交交渉の方針が不明確である。何を獲得し，何を譲歩して，何を守るのかが，はっきりしていないので妥協の着地点がわからず，交渉が受身になっている。たとえば，日本は東アジアに多くの直接投資を行っているが，その条件は必ずしも日本企業の利益確保に有利とは限らない。投資保護協定や投資ルールの策定など必要とされており[2]，さらに，金融や流通などサービス部門のルールや制度作り，知的所有権など交渉すべき課題が多いが，現実には，国家全体からみれば，ほんの小さな割合しか占めないにも関わらず，大きな声をあげ，政治力を行使している農産物分野の抵抗勢力が交渉をリードしてしまい，確保すべき国益が何かぼやけてしまう。

　たとえば，自動車関連産業などで実害が大きいといわれたメキシコとの交渉では，2003年10月閣僚級協議でほぼ合意寸前まで行ったが，オレンジ果汁のようなマイナーな品目で交渉が挫折してしまった。その後，最終的調整

で豚肉やオレンジ果汁など農産物5品目をめぐって合意に至るのは2004年3月であるからさらに半年近くかかっている。結局，交渉を開始してから合意に至るまで1年4ヶ月近くも費やした。さらに，メキシコとのFTAは合意の水準が低いといわれている。日本のメキシコからの農林水産品輸入において，関税撤廃品目（金額ベース）は43.9%，低関税枠品目が49.1%，残りが変化しないで現行どおりである。メキシコの鉱工業品を含めた関税撤廃比率がほぼ100%であるのに対し，日本は，86%にとどまり，WTOでは原則10年以内に実質的にすべて自由化するという了解があるが，他の主要国間のFTAでは90%以上を達成していると言われており，それに比較して，日本の自由化度は低いといえる[3]。

上記のことは，一言で言えば，外交力や政治的指導力に問題があるといえるのではないか。

1-1-3 閉塞感の日本社会：方向性の喪失

グローバル化の時代は，変化が求められるが，日本経済には，変革に向けてのエネルギーが乏しいか，方向性も見失っている。それは，バブル崩壊後，日本経済は不良債権の処理がうまくいかず，デフレに悩まされて，経済成長はマイナスという状態であり，従来の右肩上がりの経済から一転して，どうしていいのかはっきりせず，閉塞感がつよい。

また，一方では，社会も，それなりの安定状態にはいり，変化を望まない社会にもなった。戦後長い間，平和で安定した経済成長を達成してきたため，既得権が確立しており，改革に対する抵抗勢力は強く，総論賛成でも，各論では反対となり，変化に対応できない内向きの社会となっている。団塊の世代以上は，年金問題を含めてなんとか自分の時代は乗り切れるのではないかと変革のモチベーションが弱く，豊かな時代に生まれ育った若い世代は，政治や変革にあきらめや白けも感じられる。

現在，閉塞傾向あるいは方向性の見失いは世界的な問題でもある。グローバル化が叫ばれる一方で，ナショナリズムも強まっている。冷戦が終わり，東西対立の大きな重しがとれるに従い，地域紛争，民族対立が強まってき

た。米国の価値観の一方的な押し付けであるユニラテラリズムは他国の反発を招いている。米国も9.11テロ以来，方向性の喪失や内向き傾向が強まっている。テロの防止は世界の一致した目標になっても，米国型の民主主義の押付けが適当なのかどうかわからない。

1−2　もしFTAを結ばなかったら

日本経済研究センターの試算（2002年度アジア研究プロジェクト）では，日・中・韓プラスASEANの協定が成立すると，日本のGDP成長率を最大年0.07％押し上げるとしている。0.07％はマイナス成長の時代には大きいともいえるし，期待ほどではないとも思える。

FTA交渉に対して次のような考え方がある。FTAを結ぶことで得られる利益と国内調整に伴う痛みやコストとの比較や政治力学である。得られる利益は薄く広く及び，利益の実感が乏しいのに対し，痛みは少数の人が大きく受けるのだが，それ故に鋭く大きな悲鳴となって強い政治力となり，反対の意見が強まり，なかなか進展しない。一方，FTAを結ばないことの不利益がある。結ばなければ現状維持だから利益も生まないが，不利益を生む可能性がある。結んだとき被る国内の痛みとコストと結ばなかった不利益を比較して，どちらが大きいのかと考えると，現在，日本にとっては，FTAを結ばないことによって被る大きな不利益の可能性がある。

1−2−1　貿易転換効果と空洞化の懸念

メキシコとの間にFTAがなかったため被った被害がその代表例といえる。締結をしていない日本からの部品の持込に対して，平均して16.4％の関税がかかり，欧米企業との競争が不利となり，被害について以下のような推計がなされた。

経済産業省によると，NAFTAの貿易転換効果によって，1994年の日本の輸出シェアが維持されているとすると，99年は9,738億円となるはずだが，実際は5,787億円で，その差の3,951億円が逸失利益とされ，日本国内の雇用を約3万2,000人喪失させたことと同じであると推計している。ま

た，国産化率の問題や政府調達の入札で，発電プラントの受注ができなくなったり，進出日系企業の部品調達が日本から他国に変更になるなど，国内生産の減少や雇用喪失などの実害を被っている。メキシコ進出の日系企業は，他の協定締結国の企業と比較して，不利な扱いを受けマイナスの影響を受けている[4]。とくに，鉄鋼や自動車など非常に高い関税が課せられており，メキシコとFTAを締結している欧米諸国とは競争にならない状態である[5]。

もし，中国とASEANが自由貿易協定を結び，日本が結ばないとしたら，メキシコで被る被害と同じようなことが起こる可能性がある。つまり，当該地域に日本企業が進出しているが，進出先に輸出する部品に高い関税がかかるとすると競争上不利になりかねない。企業の対応は，当該地域とのFTAの締結の可能性に期待するか，もし不可能ならば，有利な海外に部品生産を移すことになる。結局，日本の競争力の強い部品・中間財産業・企業もFTA締結地域内に移らざるをえなくなり，最後には，日本国内の総空洞化という現象が懸念される。

1-2-2　動態的利益の喪失

現在のFTAは，貿易面での静態的効果（「貿易創出効果」「貿易転換効果」「貿易条件効果」）のみならず，市場開放による「市場拡大効果」や競争の促進が効率的な生産を促す「競争促進効果」「制度・構造改革推進効果」など，また，投資面では，途上国へ直接投資が促進されるなど「投資創出効果」など動態的な利益が期待できる[6]。

ASEANや中国などのような発展途上国とFTAを結ぶことで，貿易や投資が拡大し，相手国の経済成長を促し，ひいては自国の経済発展も図れる。つまり，FTAによって相手国の輸出が拡大することで，経済成長や所得の増加，資本蓄積などによる経済発展から得られる経済効果が予想される。

しかし，もし，FTAから外れると，長期的にみた動態的利益を享受できない恐れがある。これまで，日本企業は，アジア諸国に投資をすることで，アジアの経済成長から大きな利益を得てきたという現実を無視できない。

1-2-3 政治・外交的リーダーシップの喪失

FTA による経済統合が，通商交渉上の手段となりバーゲニングパワーとなり国際政治や外交にも影響を与え，地域の安全保障や平和と大きく関係がある。ASEAN プラス 3（日・中・韓）の東アジア共同体構想も，米国の一極支配，ユニラテラリズムに対する対抗力としての戦略でもある。とくに，中国の積極性はその意味合いが強い。ASEAN 内部では東アジアの 2 大強国である中国と日本を競わせることで，自らの存在を強化する意図がある。

つまり，経済統合の進化が，先進国や他地域との通商交渉力の強化に役立つ。ASEAN・中国の FTA が形成されると，中国が東アジアの地域経済圏の形成のリーダーシップを取る可能性が大きい。中国は政治的にはすでに大きな発言権を持っているが，経済圏の形成にも指導権を発揮することで，政治と経済の両方で大きな力を持つことになる。これは，日本の発言権や存在価値が薄れることで国際政治や地政学的デメリットが生じる可能性が大きい。

2．FTA 交渉と農業

日本が東アジアの FTA 交渉を進める上で，最も大きな障害になると考えられる課題に農業がある。これまでの伝統的な貿易理論では，土地は，国際移動しない生産要素として前提がたてられていたが，農業は土地に関係する産業である。土地はまた単純に生産要素としては割切れない生活に密着した生活要素とも言える。

2-1 どこの国でも保護産業

農業はどこの国でも保護産業である。農業は，輸出国でも輸入国でも両方の保護産業である。その保護の理由付けが多岐にわたっており，それらが相互に複雑に絡み合っている。

日本の保護は競争力がない農業を外国から守るための生活保護型とすれば，米国の輸出補助金は，自国農業の輸出シェアを伸ばすための競争力強化型ともいえる。また，国土保全や環境，食の安全，食糧安全保障論などその

他農業の多面的機能を重視する多面的機能維持型ともいえるものがある。たとえば，スイスは農業保護率が高いが，永世中立国としての食糧自給率を高める，また観光資源としての農村風景の維持管理のためなどを目的にして，農畜産業を保護している。その他，イギリスやフランスにしても，農村の田園風景は整備されていて美しいが，農業保護の賜物とも言える。

　農業は，人間の根源的な生存と関係する食の産業であり，我々の生活や文化と歴史的に関連してきているため，外国に大きく依存することは難しいため，伝統的に保護産業となりやすい。また，農業が保護の政治産業となりやすい理由として，まず，先進国では第1次産業の比率が縮小することで，弱者としての結束が強まり強い政治力となる。また，消費者の農業保護の負担が広く浅いため，保護に寛容であり，消費者はまとまりに欠けるきらいがあり強い政治勢力となりづらい。そして，農業の多面的機能が主張されると，それに反論することは難しく，保護廃止の決定的な説得力に欠ける。

　しかし，モノやサービスの自由な国際取引が進展するグローバル化のなかで，今回のドーハ・ラウンドの農業交渉でも市場アクセス，国内助成，輸出補助金がメインテーマとなっており，貿易を歪める保護政策を取りやめていく方向は避けられない。輸入障壁としての関税や数量制限，そして輸出補助のための諸手段は貿易を歪めるものとして削減や廃止が求められる。さらに，国内生産を維持するための農業助成策も議論の対象となってきている。農業保護を取りやめ，市場志向型に転換することが求められている。

　現在の日本の農業保護の行き着く先は明確になってきている。それは衰退である。国際的にも国内的にも対応を迫られている。1つはWTOやFTA交渉に応じて農産物市場の開放であり，2つ目は国内農業の競争力強化への切り替えである。

　今後，従来のように高い関税や輸入制限を維持することは不可能である。WTOやFTAでは，まず，数量制限をやめて関税化を進め，さらに関税の引下げが求められる。国境における水際の保護は，今後は難しくなる。しかし，市場を開放すれば，競争力のない日本農業は被害を受ける。そこで，今

後は，輸入保護から貿易歪曲的でない所得補償などによる国内対策に基づく保護へ切り替えようとしている。つまり，外向きの保護対策から内側からの保護対策へ代えることで，対外的に対応しようとしている。

日本の食料品の高いことは世界的に有名であり，農業生産者の視点だけでなく，消費者の利益の視点を入れることで，国内的な対応でもある。つまり，関税が，消費者を犠牲にした生産者保護であるため，消費者を犠牲にしない生産者保護が考えられる。価格は国際的に認知される水準に準じて低くするが，開放によって生じる所得減を直接支払いという形で生産者の所得を補償することが検討されている[7]。

所得補償が単なる被害の救済に終わってはならない。自由化を行った結果，失った所得を補償し，痛みを和らげるものであっても，保護の対象を専業農家のみにするのか兼業農家にも拡大するのか，どのように限定するか難しい。日本のように平等的志向がつよい社会や長い間自民党が政権をとっている状況下では，補助のバラマキを招く可能性が強い。また，非効率の保護を短期間で廃止できず，ズルズルと長期間継続せざるを得ないという最悪の結果に終わることが懸念される。また国家の財政を圧迫する要因にもなる。貿易歪曲的でない補助金や所得補償という内向けの保護措置への切り替えは，対外的な理解を得られるが，解決にはならない。農業の競争力の強化や効率，生産性の向上という視点を盛り込むかが欠かせない。

2-2 農業の競争力強化—技術集約的農業へ

グローバル化のなかで，開放阻止は不可能だし，たとえ，保護できたとしても，競争力がなく，産業として魅力のない農業は，現状維持は不可能であり，高齢化，後継者難などで自滅してしまう可能性が大きい。日本農業を外から保護することではなく，内からの改革によって競争力を強め，再生する必要がある。

農業の競争力の強化を目的に，技術集約的農業の育成に向かう必要がある。農業には製品によって労働集約的農業と土地・資本集約的農業がある。

前者は果物や野菜など，後者は米，小麦など穀物類である。労働集約的農業は，賃金の高く，少子・高齢化の日本社会では将来性はないが，土地・資本集約的農業は，広い土地を確保できる平野部では大規模農家の育成によって可能である。しかし，第3の道が探られるべきである。つまり，技術集約で高品質，食の安全などを考えた農業があって当然である。バイオテクノロジーの利用による多産で病虫害に強く，高品質製品（味がいい，新鮮，衛生的など）など，日本には高度な品質管理技術もあり，技術集約的，高付加価値，高品質，安全性の農産物の収穫を目指すべきだ。青森の林檎が高級品として中国に輸出されているように，農業は輸出産業になりうる。

農産物の自由化の方向は避けられないのであれば，自国農業のなかでどのような分野を外国に譲り，どのような分野を守るのかが問題である。しかし，生活保護型ではなく，競争力強化型の保護に切り替える必要がある。かつて，鉄鋼は不況型・リストラ型の代表的産業といわれたが，今では，単純な鉄鋼製品は途上国で，ハイテク鉄鋼製品は日本でというように棲み分けている。それと同じようなことが農業でも行われる必要がある。日本に比較優位のある農業分野をのこし，国際的分業に基づいて棲み分けることが必要である。

農業構造改革を進める上で，大きな問題になるのが土地である。農水省は，農地利用のための会社組織や農地の信託規制の見直しなど，農業への参入規制を緩和して，農地を有効に活用できるように検討を始めているが[8]，農業の構造改革，規制緩和などにより，農業に意欲的な生産者をいかに支援するかが課題である。海外との競争に耐えられる農業は何かを考える。そのような過程で，大規模農家の育成，生産性の向上，効率化が実現されていく。

2-3 農業の多面的機能

農業の特殊性，多面的機能を強調し，その保護を正当化する議論がある。外国への過度の食糧依存は自国の安全保障に影響するという食糧安全保障

論，環境や治水などの観点から水田の保護や維持を主張する国土保全論，農薬使用やバイオテクノロジー・遺伝子操作など健康被害を懸念する食の安全性論，動植物など希少資源の保護，生態系破壊を防止する地球環境保護論などがある。それぞれが重要な問題であり無視できない。

　食糧を海外に依存しすぎることで自給率が低下した場合（2007年現在日本の食料自給率はカロリーベースで40％），戦争やBSEや鳥インフルエンザなど食の安全性から輸入が不可能になった場合，自国民の安全を脅かすことになる。あるいは国土保全論，食の安全性，環境保護など農の多面的機能も農業保護の正当化の理由にはなりうる。

　しかし，コメのように一粒たりとも入れないという論理は問題外で，どれくらいの保護が必要とされるか，量的にはどのくらいかとなると，WTOで説得力を持つ論理となると難しい。むしろ，食糧安全保障論や農業の多面的機能論で，自国の保護主義や農業の競争力強化政策の困難さから逃れる言い訳，隠れ蓑になっているとみられる可能性がある。あるいは国際的には保護主義と受け取られる可能性が大きい。

　自給率を100％にするということも非現実的であり，比較優位の面からも無理がある。保護を段階的に弱めていくことは必要とされる。農業を貿易の視点から見ると，貿易を歪めない論理が求められる。一方，農業の多面的機能論も国益を守る上で重要である。これは，WTO協定で対応できる論理と国際政治・外交の論理の両方からの視点が求められる。

　WTOの農業協定で削減対象外と認められている農業の国内助成措置に「緑の政策」がある。研究，検査，農村基盤整備，食糧安全保障の公的備蓄，構造調整，環境対策など公的資金政策などである。WTO協定には，農業の特殊性を鑑みて，貿易を歪めない，市場価格に影響を与えないような国内の助成措置を認めている。こうした政策を有効に活用すれば，農業の構造調整し，多面的機能を確保する上での重要な手段となりうる[9]。

　農業に多面的機能があるなら，その機能を生かし，多様な農業を作り出すことができる。たとえば，中山間部は土地の形状からいって，機械化が難し

く，重労働を強いられ，後継者難や高齢化によって耕作地が放棄されてしまう可能性が高いが，国土保全や環境面からも無視できない。そこで，助成措置によって農業の継続を図るだけでなく，潤いを与えるグリーン観光農業などの育成も図れる。里山の機能が見直されている現在，その機能の維持，強化が求められる。農業を第1次産業としてではなく，第3次産業として育てていくことも可能である。

3．FTA交渉と外国人労働力の受入れ

　グローバル化の時代，国境の壁はますます低くなり，モノやサービス，カネだけでなくヒトの移動も活発になるのは必然である。賃金が高く，需要があるところに労働力が自由に移動するのは必然的流れである。一方，日本では外国人労働力を受入れざるを得ない状況が生まれている。少子・高齢化社会が迫っているのである。また，現実問題として，東アジアとのFTA交渉では特定分野の労働力市場の開放が交渉課題に上っている。しかし，労働力は多様な文化や宗教，社会をもとに生活を営む人間の問題でもある。

3-1　少子・高齢化社会

　スイスの民間経済研究機関「世界経済フォーラム（WEF）」は，日本は，今後，少子・高齢化に伴う労働力不足を補うために，長期的には現在の11倍の外国人労働力を受入れざるを得なくなるとの予測を発表した[10]。

　日本は，2005年から人口が減少し始めており，少子・高齢化が現実の問題であり労働力需要が高まることは必然である。一方，中国をふくむ東アジアの発展途上国は人口の過剰問題があり，労働力の過剰が問題となる。そして，ヒトの移動が自由化されつつあるグローバル化の現在，今後，受入れざるを得ない状況がくる。もし，受入れないとしたならば，日本の経済力は確実に現在より低下し，われわれの子供や孫の世代は親の時代より，所得は減少し，生活水準は低下することを意味する。

　現在，2005年の国勢調査報告によると，日本には140.9万人（実際は200

万人を超える）の外国人が住んでおり，そのうち労働力人口は，83.7万人である。現在の11倍の外国人労働力を受入れざるを得ないとする「世界経済フォーラム（WEF）」の予測を用いると，長期的には921（＝83.7×11）万人の外国人労働力が必要とされる。厚労省では，2025年の日本の労働力人口を約6300万人と予測しているので，その時の労働力人口にしめる外国人労働力の割合は，14.6％になるとの推定も可能である。ちなみに，2005年現在，米国では15.0％（ドイツ9.3％強，フランス5.3％，イギリス5.1％，日本1.1％）となっているので，日本も，将来的には，外国人労働力の割合は，他の先進国並みになることも考えられる。

　日本では，1990年の入国管理法の改正後，日系ブラジル人の居住や就労を認め，その他の外国人は研修生や実習生という形で労働力として受入れており，現在でも単純労働力，低賃金労働力の受入れ窓口となっている。現在の競争の厳しい経済状況の下では，いわゆる3K職場や単純サービス産業，あるいは経済の停滞や人手不足の地方都市，後継者のいない過疎地や農村では，低賃金労働力の確保は大きな課題である。

　現在，東アジア諸国とのFTA交渉では，看護士，介護士，マッサージ師，医師などの専門的・技術所有の労働力の受入れが交渉課題となっている。外国人労働力を受入れるという前提のもとで，どのように受入れるのか政府の明確な政策や方針がないと，外国人労働力がなし崩し的になだれ込む可能性がある。

3-2　受入れ問題

　外国人労働者には，教育を受け，高度の知識や技術をもつ高度人材と単純作業に従事する単純労働人材がいる。現在は，前者は受入れるが，後者の単純労働力は受け入れないという政府の方針であるが，あまりいないはずの「単純労働人材」が多くを占めている。

　IT技術者など高学歴・高技術労働力にたいするビザの取得を取りやすくしているが，実態は，必要とされる技術や知識のある人材は米国に流れがち

であり、日本企業に就職しても昇進など彼らの処遇にうまく対応できるかどうか懸念される。一方、最近の問題として、米国で見られるように、ヒトの移動の代わりに、ソフト開発やデータ処理などのIT業務がインドや中国に海外アウトソーシングするなど、インターネットの利用により知識業務を国外に発注するという動きも出てきている[11]。高度人材の受入れの一部が海外に流れる可能性もある。

　一方、日本人が嫌がる3K職場へ外国人労働力を導入する必要性は高まると考えられる。資格や技術を必要とする分野でも日本人があまり就きたがらない職場もある。労働のきつい看護士や介護士、過疎地帯の医師などであろう。経済が高度化すれば、必ずサービス産業化は起こるが、サービス産業には技術の必要としない単純労働の分野も多く、低賃金労働力を必要としている。こうした分野は、不法滞在や不法流入が生まれやすく、自然に増加する可能性が強い。外国人労働力の受入れを厳しくしてもそれは不法労働者を増加させるだけの結果になると思われる。

　不法、非合法外国人労働力の流入を抑えることは、非常に困難である。これは米国でも欧州でも大きな政治課題である。流入の原因が、流出国の貧困にある限り流入を抑えることはできない。究極的な解決は、流出国の経済発展を進め、産業を起こし、雇用を創造し、所得を増加させ、貧困解決に向かうことであるが、現時点でそれをいっても意味がない。むしろ、受入れ・流入は自然の流れと受止め、いかにプラスに転化するかである。米国のように、流入したラテン系の住民が中産階級として成長し、人口が増加し、消費が活発化して米国経済の成長や活性化に貢献しているというように、外国人労働力・移民問題を経済の活性化の問題ととらえる必要性がある。あるいは、外国人労働力の受入れが、親日外国人の育成や国際親善などに役立つという視点も必要になる。基本的に受入れざるをえない状況にある限り、受入れ方針や政策を明確にし、管理を含めて日本の社会やシステムに組み込み秩序の維持をはかるようにしなければならない。

　欧米先進国の例に見られるように、教育など受入れ環境の未整備、治安の

悪化，差別など民族・文化摩擦が起こる。日本人との間の競争も激化する可能性もある。フリーターなど低賃金分野だけでなく，ホワイトカラー分野でも競争が起こり，摩擦が起こる可能性はあるが，それは避けて通ることはできない。

民族や文化的に同質社会に近いと考えられてきた日本は，これまで外国人を受入れ，外国人と一緒に住むインフラや環境がなかった。しかし，グローバル化の時代と日本の少子・高齢化の現状からして，これからは，海外からの人材の受け入れを避けて通ることはできない。受入れを基本的に認めるとの立場から，しっかりした，受入れ方針と政策の確立が求められ，日本の社会システムに組み込み，共存する社会がもとめられる。それが社会不安を抑える方法と考えられる。

最後に，外国人の受入れ問題でも，日本の官僚機構の不備が指摘される。縦割り行政の弊害である。入国管理は法務省，ビザは外務省，雇用や福祉は厚生労働省，子供の教育は文部科学省といったように一貫した対応ができていない。ここでも政治のリーダーシップや決断が必要とされる。

4．今後の日本の視点

4-1　積極的対応の必要性

世界的な流れとなったFTAを避けて通れない。市場開放，規制緩和，自由化は前提となる。農産物も例外ではない。採るべき選択は積極的に進めるのか，ずるずると消極的に対応するのか，どちらが国益にかなうのか考えなければならない。長期的視点が必要とされる

FTAは必ず，痛みを伴う改革が必要とされることを認識しなければならない。痛みなしには利益は確保できないのである。保護することで競争力が強化された例は少ない。むしろ，自由化，規制緩和，健全な競争の促進による競争力の強化が求められる。農業や外国人労働力の受入れを，コストとみるか，構造改革のチャンスと見るか，それが，日本の将来をきめるポイントなる。

FTAを日本全体の国益の視点から考える必要がある。これまでの農業保護が本当の国益になるか，あるいは議員の当選や官庁のための私益や省益にすぎないのではないか。FTAが未締結のときの製造業の実害についてどのように考えるのか。日本経済の停滞や今後の少子・高齢化の現実から，国内から利益を得ることは難しく，むしろ発展するアジアに関与することが必要である。

単なる財の自由貿易協定ではなく，WTOで議論されている以上の内容の広がりや深化したハイレベルの地域連携を目指す必要がある。全体の利益を長期的に考え，交渉の優先順位をつける。国として確実に必要なものはなにか，どこまで守り，どこまで譲り，何を確保するのか考える。そのとき国際分業や相互依存関係の視点は不可欠である。

4-2　政治問題であるFTA

FTAは，貿易・投資の自由化や促進からはじまり，投資ルールや競争政策，知的所有権の保護など経済全般の自由化やルール作り，経済協力にまで広がりつつある。さらに労働や人権などとも関係し，交渉分野は広がっている。

FTAは，国内の自由化や規制緩和を必要とするため，国内の経済・産業の構造改革を必要とし，国内政治と大きく関連する。とくに，今後の交渉が農産物や外国人労働力が大きな交渉課題となるとその政治性がクローズアップされる。FTAが避けられないならば，それを進めるためには，経済の問題ではなく政治のリーダーシップや決断が大きな課題となる。

FTAは，他の地域協定に対する交渉力強化や牽制，対抗力などに用いられ外交交渉の武器として使われはじめた。また中東自由貿易地域構想のように民主主義や国際平和・安全保障とも関係しつつある。また，FTAAのように，EUに対抗し，米国の覇権強化を意図する目的もつよく，非常に国際政治と関係している。

FTAは，テーマは経済だが，課題は国内政治や国際政治と密接に関係し

た経済外交である。外交交渉は，一方的に自己の利益に固執するのではなく，ギブ・アンド・テイクで何を譲歩し，何を守るのか，そして全体的にプラスの結果を確保する政治交渉である。テイクは利益になるので問題ないが，ギブすると言ったとき，必ず国内に不利益を被るものが出てくる。結局，交渉の成否は，交渉相手というより国内調整が一番の問題となる。

東アジアとのFTA交渉で日本に必要なのは，自国の市場を開放し，途上国の経済発展を図り，高い所得水準の市場を作ることを助けることである。FTAを利用して，経済成長する東アジアの活力を停滞する日本に取り込み，経済の活性化を図る。つまり，積極的に，自由化，規制緩和して競争を持ち込む。外資を誘致し，経営資源や技術を国内に導入する。少子・高齢化が確実な状況の中で，有能な外国人労働力を積極的に受入れる。現在，ビッグバンのような大改革を実行する政治の決断が必要とされている。

注
1) 日本では，FTAの代わりにEPA（経済連携協定）という用語を使っているが，本論では国際的に使われているFTAを使用する。
2) 『日本経済新聞』2003年8月15日。
3) 『日本経済新聞』2004年3月13日。
4) 中畑（2002）。
5) 『朝日新聞』2004年3月3日。
6) 浦田・他編（2002）。
7) 『日本経済新聞』2003年12月22日，2004年8月26日。
8) 『日本経済新聞』2004年5月19日。
9) 木村・安藤（2004）。
10) 『朝日新聞』2004年1月21日。
11) 『日本経済新聞』2004年1月27日。

参考文献
浦田秀次郎・日本経済研究センター編（2002）『日本のFTA戦略』日本経済新聞社。
深川由起子（2002）「自由貿易協定のアジア戦略なき日本」『エコノミスト』12月17日号。
木村福成・安藤光代（2004）「日本の自由貿易協定と農業」『東アジアへの視点』第15巻3号。
向山英彦（2003）「地域経済関係の強化を図るASEAN」『アジアクラブマンスリー』12

月号.

中畑貴雄（2002）「日本企業の不利解消にむけて」『ジェトロセンサー』第52巻第623号.

浦田秀次郎（2001）「FTAの動向とWTO」『ジェトロセンサー』第51巻第609号.

宗像直子（2003）「FTA競争を超えて」『アジアクラブマンスリー』2003年4月号.

Martinez, Andres (2003), "Who Said Anything about Rice? Free Trade is About Cars and PlayStations", *New York Times,* August 10.

『日本経済新聞』『朝日新聞』『読売新聞』その他.

第Ⅲ部

英語論文編

第8章
Japanese Foreign Capital Policy and the Surge of Japan's Inward FDI in the 1990s

1. Recent Trends in FDI in Japan

Foreign direct investment (FDI) in Japan (i.e., direct investment by foreign companies) began to increase in the latter half of 1990s, increasing particularly rapidly since the 1998 fiscal year. FDI in 1999 was 2,399.3 billion yen, a 79% increase over the previous year and a new all-time high. FDI exceeded 1 trillion yen for two consecutive years, in 1998 and 1999. (See Table 1.)

On a flow basis, the imbalance between Japan's outward and inward FDI has decreased as indicated by the ratio between the two, said ratio being 3.9 in 1998 and 3.1 in 1999. Prior to this, the imbalance between FDI from Japan and FDI in Japan had created investment friction: Large FDI from Japan contrasting with small FDI in Japan had been criticized as evidence of the closed nature of Japan's investment market.

On a stock basis, the ratio of outward FDI to inward FDI in other major industrialized nations is in imbalance but much closer to parity : 1.1 in the U. S. (CY 1997), 1.5 in the UK (CY 1998), 2.5 in Germany (CY 1995), and 1.1 in France (CY 1996). In contrast, the same ratio in Japan is 10.3 (CY 1998), indicating a large imbalance, although the ratio has begun to change recently.

Next, let us consider FDI trends in the manufacturing and non-manufacturing industries. (See Table 2.)

The foreign capital penetration ratio of the non-manufacturing sector has traditionally exceeded that of the manufacturing industry. For example, those ratios were 77% (non-manufacturing) versus 23% (manufacturing) in 1998 and 59% versus 41% in 1999.

As evinced by French auto maker Renault's investment in, and participation in the management of, Nissan Motor Corp., the transport machine sector accounts for a large portion of inward FDI in the manufacturing industry.

In the non-manufacturing industry, investments in the finance and insurance industry and the telecommunications industry are conspicuous. Investments in the service industry, as well as commercial and trade-related investments intended to increase exports to Japan, continue to account for the

Table 1. Changes in the ratio between Japan's outward and inward FDI (flow basis)

(Unit : Hundred million yen).

	FY 1992	FY 1993	FY 1994	FY 1995	FY 1996	FY 1997	FY 1998	FY 1999
Outward FDI	44,313	41,514	42,808	49,568	54,094	66,229	52,169	74,390
Inward FDI	5,306	3,586	4,327	3,697	7,707	6,782	13,404	23,993
Ratio of outward to inward FDI	8.4	11.6	9.9	13.4	7.0	9.8	3.9	3.1

Source : Ministry of Finance (reported inward and outward FDI).

Table 2. Inward FDI by industry

(Unit: Hundred million yen).

	FY 1992	FY 1993	FY 1994	FY 1995	FY 1996	FY 1997	FY 1998	FY 1999
Machine	829	781	1,339	182	1,558	1,452	2,129	8,652
Chemistry	931	542	234	1,095	695	740	397	603
Others	321	513	481	135	858	482	600	542
Manufacturing industry total	2,081	1,836	2,054	1,412	3,111	2,674	3,126	9,797
Trade industry	1,554	1,005	1,135	679	1,664	996	1,759	3,485
Service industry	1,067	240	374	491	2,360	888	3,181	2,058
Finance and insurance	190	40	687	1,001	273	1,616	4,569	5,115
Others	414	40	77	113	298	608	769	3,538
Non-manufacturing industry total	3,225	1,325	2,273	2,284	4,595	4,108	10,278	14,196

Source: Ministry of Finance (reported inward FDI).

same share as before.

By industry, foreign penetration has increased in industries where accelerated restructuring is underway.

Based on present conditions as discussed above, this paper will consider Japanese foreign capital policy and then examine the causes of the current surge in inward FDI.

2. Japanese Foreign Capital Policy : From Regulation to Attraction

Recent years have seen a rapid increase in the investment of foreign capital in the Japanese market.

Although the foreign capital policy of postwar Japan has gradually moved toward the liberalization of capital transactions, culminating in almost complete liberalization in the 1980s, in actuality, various regulations and barriers remained, making entry into the Japanese market by foreign capital difficult. In the 1990s, however, the Japanese government changed its policy so as to actively invite foreign capital. Let us consider the causes of that change by surveying policy since World War II.

2-1 The Age of Regulation

The cornerstones of the foreign capital policy of postwar Japan have been the Foreign Exchange and Trade Management Law and the Foreign Capital Law, both of which were promulgated in December 1949. The basic policies that these laws embodied were "regulation in principle" and "exceptional freedom."

The Foreign Capital Law set forth the public position of the protection of foreign capital that would further the economic development of Japan. In actual practice, however, the entry of foreign capital was subject to extreme regulation because of fears of foreign control of domestic industries. By means of industrial policy, the government instead sought to promote domestic industry using domestic capital and enterprise, without depending on foreign capital.

Foreign capital was borrowed in the form of loans, and foreign technology was actively introduced. Strong nationalistic tendencies saw foreign capital as a form of colonization. Japanese capital and enterprise, fearing foreign dominance of Japanese companies, minimized foreign participation in management and sought to form a national economy.

2-2 The Progression of liberalization

The liberalization of trade and capital in Japan dates back to a June 1960

Cabinet decision entitled, "General Rules of the Trade and Exchange Liberalization Plan." The liberalization of trade began first, with the liberalization of capital gaining momentum subsequently, in the late 1960s. A major turning point in the liberalization of capital was Japan's 1964 entry into the OECD.

After the first phase of capital liberalization in June 1967, four additional phases were implemented: the second in 1969, the third in 1970, the fourth in 1971, and the fifth in 1973. The fifth phase of liberalization effected a shift in policy from prohibition to "freedom in principle." However, this liberalization granted exceptional status to certain industries (i.e., petroleum, leather goods, and agriculture, forestry, and fisheries) and provided deferred liberalization for 17 industries (e.g., computers and medical supplies).

The gradual liberalization that Japan pursued was not proactive liberalization, but rather an attempt to delay liberalization as much as possible. Only when absolutely necessary were markets opened-beginning with only those industries thought to have sufficient international competitiveness to withstand the onslaught of foreign capital.

In keeping with this trend toward the liberalization of trade and capital, the Foreign Exchange and Trade Management Law was amended in 1980, replacing the policies of regulation in principle and exceptional freedom with the completely opposite policies of freedom in principle and exceptional regulation.

2-3 The Promotion of Imports and the Penetration of Foreign Capital

In the 1970s, Japan's trade surplus began to grow, intensifying trade friction with other countries. In the 1980s, Japan's trade surplus grew further as the yen appreciated. This led to increasingly strong demands from the West for market opening and the promotion of imports.

The late 1980s saw the further intensification of trade friction. Solutions to Japan's huge trade surplus were demanded, and pressure for the opening of markets increased. In response, the Japanese government implemented import promotion policy.

The avoidance of trade friction and the promotion of imports also facilitated the entry of foreign capital into Japan. Although foreign investors took an active stance to investment in Japan's huge markets, the Japanese government's foreign capital policy was rather passive, welcoming foreign capital only to the extent needed to promote imports and ease trade friction.

Japanese companies invested actively in foreign countries to assuage trade friction and to take advantage of the strong yen, creating a "bubble" economy in Japan and initiating the hollowing-out of Japanese industry. In contrast, foreign companies' entry into the Japanese market failed to progress much, and the imbalance between outward FDI and inward FDI engendered investment friction.

Legally, the liberalization of capital transactions moved ahead, but the introduction of foreign capital was, in actuality, made difficult by numerous "invisible" regulations, such as those governing the cross-holding of shares.

At that time, Japan's marketing channels, business practices, *keiretsu* (associations of corporations), and other factors were cited as problems by the U.S. in trade negotiations with Japan. Amendment of the Large Store Law made it easier for companies such as Toys "Я" Us to enter Japan's distribution industry, whereas acquisition of auto parts manufacturer Koito by T. Boone Pickens failed because of strong opposition by the keiretsu to which Koito belonged.

2-4   Policies to Attract Foreign Capital: Opening of the Japanese Investment Market

第8章 Japanese Foreign Capital Policy and the Surge of Japan's Inward FDI in the 1990s

It was the economic recession of the 1990s—triggered by the bubble economy's collapse, massive sums of bad debt, and the hollowing out of industry—that made Japan aware of the important role of the foreign capital in the Japanese economy. Japan saw the speculative bubble burst in 1990s, after having enjoyed lavish prosperity in the 1980s. The large sums of bad debt that came to light were a problem that was difficult to resolve and which made the financial system unstable. A particularly severe blow was dealt to the Japanese economy by the abolition of the special tax reduction, in April 1997, and by an increase in the consumption tax. An economic recession took root, forcing companies to restructure.

In contrast, economic expansion began in the United States after March 1991. Deregulation and the resultant introduction of competition, as well as growth in the Internet and other information technologies, revitalized the private sector. The reversal of the Japanese and American economies became clear in 1995：U. S. -Japan trade friction decreased after tentative agreements were reached in automobile and auto-part negotiations in 1995 and in semiconductor negotiations in 1996.

It was at this turning point in the Japanese economy that Japan's foreign capital policy transformed into one emphasizing the attraction of foreign capital.

In 1990, the government announced a policy of welcoming FDI in Japan, and liberalization began. Foreign Access Zones (FAZs) were established and investment procedures were simplified under the Import Promotion and FDI in Japan Law, enacted in 1992, and under revisions of related laws. In the fall of 1994, the Conference on Foreign Investment, chaired by the prime minister, was established-one example of the new status of FDI promotion as a basic policy of the Japanese government. This proactive stance toward FDI signified a policy shift to foreign capital attraction for the first time in Japan's history. The opening of investment markets proceeded gradually, although progress in such areas as deregulation was slow and investment conditions could not yet be called adequate.

Japan's Foreign Exchange and Trade Management Law was amended again in 1997, removing the word "management" from the name of the law. This amendment went into effect in April 1998 as part of Japan's financial "Big Bang." The complete liberalization of foreign exchange was effected with the abolishment of such regulations as the requirement of prior reporting to the government for capital transactions and foreign payments. This was followed, in December 1998, by the Financial System Reform Law, which deregulated the direct sale of investment trusts (i. e., mutual funds) by banks and effected the switchover to a system of registration in principle for securities companies.

Japan's financial Big Bang was a series of measures designed to respond to economic globalization by ultimately effecting structural reform of the Japanese economy. This reform greatly accelerated the influx of foreign capital into Japan. Especially prominent were cases in which foreign capital helped Japanese banks that had been struggling under the weight of bad debt.

April 1999 saw the Conference on Foreign Investment issue a statement entitled, "Acquiring Various Wisdom Through Foreign Investment in Japan," reflecting the government's proactive posture toward inward FDI. Under the joint auspices of the U. S. Department of State, the Ministry of International Trade and Industry, and JETRO, a symposium ("FDI to Japan Symposium 2000") was held in March 2000 to consider the problems facing the promotion of FDI in Japan.

3. The Need to Attract FDI in Japan

As described above, the significance of attracting foreign capital to Japan has changed with the times.

First, the entry of foreign capital into Japan was part of import promotion efforts and was significant in that it meshed with the export promotion policies of the advanced nations, especially the United States. However, this significance changed when the inflated-assets bubble burst.

Now, with a revitalized U. S. economy enjoying a prolonged expansion, massive U. S. capital, made highly competitive by information technology, is advancing with the aim of world conquest. It is the age of economic globalization.

Japan, in contrast, faces the opposite situation. Mired in recession, the nation debates how to regenerate the economy. The needed deregulation and structural reform not only were prerequisites for economic regeneration, but also opened the door to the inflow of foreign capital into Japan.

The paramount concern of Japanese companies is restructuring, the ultimate goal of which is to reorganize unprofitable operations but which today is being implemented chiefly through layoffs and the elimination of excessive equipment. Amid this downsizing of Japanese companies, FDI in Japan is a major factor in the revitalization of the Japanese economy.

Attracting foreign capital is indispensable for economic growth and job creation not only in developing nations but in advanced nations, as well. Therefore, deregulation and infrastructure improvement are necessary, as are effective incentives for attracting foreign capital.

In addition to competitiveness-promoting measures, deregulation, and information technology, another factor behind continuing economic expansion in the United States is the country's considerable openness and proactiveness toward foreign capital. As it attracts and actively accepts foreign capital, the United States is also investing in foreign countries.

This is an age for countries to open their markets and for businesses to expand globally. Japanese companies have also actively invested abroad, and now—like it or not—the time has come for foreign capital to invade Japan.

Japan must accept foreign capital proactively, not reluctantly in response to external pressure, and must acquire foreign technology, managerial know-how, and other knowledge to strengthen the country's competitiveness. FDI in Japan revitalizes the Japanese economy and Japanese markets by creating jobs and transferring technology and managerial resources, and can prevent the hollowingout of industry.

Cooperation with foreign capital is necessary to ensure the survival of weakened Japanese companies by incubating new industries and rebuilding existing ones. Taking advantage of the managerial resources of foreign capital, they must acquire the strength needed to prosper amid global competition. For example, the restructuring of Mazda is being guided by a CEO sent from Ford, and Nissan formed an alliance with France's Renault. These Japanese companies are striving to boost their international competitiveness and ensure their very survival with the help of foreign capital.

In the fields of finance and information technology, which have been protected by the government, foreign capital is expected to revitalize and open markets by bringing in new products, planning capabilities, and managerial know-how, for instance. Companies are compelled to adopt international management systems if they are to compete in the international marketplace. Management must be rationalized and made more efficient and must place greater emphasis on shareholder value.

Reliance on outside capital can also be seen as a way for Japan's economy and Japanese industry to find solutions when the nation lacks the internal vitality needed to overcome the turmoil it faces. In other words, external pressure can generate the power to reform. When the U.S. automobile industry was in dire straits, investments from the Japanese automobile industry helped greatly : The managerial know-how and production technology of the Japanese automobile industry had a demonstration effect and contributed greatly to the reconstruction of the American auto industry.

Japan must now introduce foreign capital actively. High income levels make the Japanese market an attractive one to foreign capital. Further, FDI in Japan can exert a positive influence on Japanese-style management, which faces deepening confusion, and can directly enable the transfer of managerial resources. FDI is also effective in creating jobs.

The Japanese government should promote deregulation to attract foreign capital and should actively utilize foreign capital to reorganize businesses and revitalize provincial areas. This does not mean dependence on foreign capital, but rather the active use of foreign capital.

Although the need to accept foreign capital is widely recognized and the necessary legal changes are being made as described above, it is another issue altogether whether foreign capital actually enters the Japanese market or not. Foreign capital will come only if the Japanese market is seen as sufficiently appealing.

4. Factors in the Increase in Foreign Capital

Previously, the Japanese business environment was not attractive to foreign capital, despite Japan's large markets. High business costs, such as land, office space, personnel, and communications, had a negative impact on investment efficiency.

Government regulation was considerable, and closed business relations, such as the keiretsu, were strong, making entry into the Japanese market difficult. Then why did FDI in Japan begin to increase?

An October 1998 survey by JETRO asked why the Japanese market was appealing. The most common response was "Market scale and growth potential." The second most-cited reason for entering the Japanese market was "The ability to sell expensive, high-functionality, high-quality goods." In other words, Japan is the kind of mature, consumption-oriented society typical of advanced nations, with a huge market and considerable purchasing power. Other common responses were, in descending order, "The high level of technology," "The good quality of manpower," "Access to other Asian countries," and "A well-equipped infrastructure."

In addition, many changes conducive to foreign capital entry have also occurred. Since the collapse of the bubble economy, Japan has had to restructure its economy by resolving bad loans, reorganizing unprofitable operations, and selling off unprofitable subsidiaries, for instance. This has also meant a reevaluation of Japanese managerial style and business customs, such as the cross-holding of shares, the main bank system, keiretsu, lifetime employment, and the seniority system. The end of the lifetime employment system, for instance, has made it easier for foreign capital to employ talented people.

The Japanese recession brought down land prices and stock prices, making both more affordable. Progress was made in deregulation. Provincial areas began to recognize the importance of attracting foreign capital to ensure revitalization and job creation.

Mergers and acquisitions, which previously had suffered a negative image in Japan, became an important method of investment as it was now imperative for Japanese industry to restructure by selling off unprofitable businesses and to enter new fields made accessible to them by deregulation. In addition to acquisitions of Japanese companies by foreign firms, acquisitions by Japa-

第 8 章 Japanese Foreign Capital Policy and the Surge of Japan's Inward FDI in the 1990s

nese companies of other Japanese companies and even foreign companies have also become more common.

A survey by Daiwa Securities of official newspaper announcements sheds light on Japanese mergers and acquisitions in 1999 : The number of deals was 982, a 28.7% increase over the previous year. Of these, the 442 deals for which the amount of money was officially announced totaled approximately 6.048 trillion yen—a 164.6% increase over the previous year. Both the number of deals and the amounts of money involved have increased sharply.

M&A between Japanese firms account for 64.1% of all deals but only 16.8 %in terms of amount of money. Japanese companies are actively pursuing M&A as a means of restructuring by selling off unprofitable operations, for instance. As a result, the cross-holding of shares, once a popular method of corporate alliance, is beginning to fade. M&A in the Internet sector has also begun.

Acquisitions of foreign companies by Japanese firms account for 21.9% of the total by number of transactions and 34.2% by amount of money. A major transaction of this type is the acquisition by Japan Tobacco of the overseas cigarette operations of RJR Nabisco.

Foreign firms' acquisitions of Japanese companies account for 14.0% of all M&A activity by number of transactions but 49.0% by amount of money. Major acquisitions include the transfer of Japan Lease's leasing operations to GE Capital, Renault's capital participation in Nissan, and the capital participation in Japan Telecom by British Telecom and AT&T. Through such transactions, foreign capital can take advantage of local sales networks and business assets.

Although foreign capital was once viewed as negative, it has begun to acquire a positive image as holding the potential for development and providing access to advanced technology and planning abilities. More and more university students are getting jobs with foreign-owned companies, the business environment is improving, and M&A is a more viable tool for foreign capital.

Japanese companies are not so much passively receiving foreign capital as they are actively seeking out foreign capital as a means of effecting their own regeneration and revitalization.

Nissan Motor Corp. staked its survival on an alliance with foreign capital, receiving an investment of 640 billion yen from French Renault and even entrusting Nissan's management to a French CEO sent by Renault. Mazda, Mitsubishi, and other Japanese auto makers are also under the umbrella of foreign capital, leaving only Toyota and Honda without such relationships.

The automobile industry is also working to develop fuel cells and other environmental technologies that require massive R&D expenditures. For this reason, and in response to global competition, the industry must effect reorganization and cut costs considerably.

The finance and insurance industries in Japan, having been closely protected by the government, are weak in terms of international competitiveness and must also settle bad loans that are a legacy of the bubble economy. On the other hand, Japan has massive sums of individual financial assets—amounting to about 1,400 trillion yen—and so is quite enticing to foreign capital wishing to manage those assets.

Japan's financial world has been reformed under the so-called "Big Bang," a series of liberalization measures that include the aforementioned April 1998 revision of the Foreign Exchange and Trade Management Law. With Japan's massive pool of individual financial assets making it easy for foreign capital to enter the Japanese market, joint ventures and alliances with Japanese banks were formed in such specific areas as individual property management and investment trusts.

Moreover, the unstable financial situation that existed at the end of 1997 had forced some Japanese banks into bankruptcy and threatened the viability of others. Internationally powerful Western banks purchased weak Japanese banks on good terms and used their acquisitions to expand and strengthen operations in Japan. For example, Ripple Wood Holdings took over the Long-Term Credit Bank of Japan, Ltd., and Merrill Lynch Securities bought bankrupt Yamaichi Securities to acquire the latter's sales network and clients. On the other hand, some beleaguered Japanese financial institutions have actively sought out foreign capital to increase their capital and fortify their financial standing by making use of foreign companies' funds, excellent know-how, and brand name recognition.

Japan's service industry (e.g., retail and distribution), once protected by competition-stifling regulation, is also being called on to deregulate and open itself up. Service-industry capital overseas sees Japan as an inviting market that promises growth.

With the information revolution now in full swing in Japan, Western information and telecommunications companies are eyeing the Japanese market as some Japanese information and telecommunications companies are forming alliances with foreign companies to acquire funding and technology. Promoting this inflow of foreign capital are the overlapping objectives of Japanese and foreign capital seeking to enter the field of computer-related services.

5. Conclusions

Does foreign capital help Japan recover its international competitiveness? Does it help create jobs or—because restructuring must occur first—increase unemployment? Will American-style management take root in Japan? There are numerous fears concerning the entry of foreign capital into Japan, one being whether Japanese companies will be hastily discarded if alliances with foreign capital go sour.

Japan needs positive structural reform and must create a competitive market through deregulation. Although the entry of foreign capital creates competition, a business world accustomed to government protection may attempt to protect its vested interests by opposing deregulation and the entry of foreign capital. Furthermore, there still exist some regulations and Japanese business customs that deter the entry of foreign capital.

Given today's extensive transborder business activity, the economic role of the nation has declined in relative terms. Entry of foreign capital is now bilaterally accepted between nations. Indeed, this is an age in which foreign capital is actively used to develop a nation's economy.

Japan must view foreign capital as a means of actively promoting restructuring and regeneration. Japanese companies must utilize the managerial resources and technology of foreign companies. Rather than passively accepting foreign capital, Japan must actively invite it as a means of revitalizing the Japanese economy. Further deregulation and the adoption of global standard by business are also urgent issues.

Japanese-style management and business customs such as lifetime employment and the seniority system were once thought as the strength of Japanese business but are now seen as sources of inefficiency. Yet, rather than completely rejecting Japanese-style management, it is necessary to determine which aspects should be reevaluated and which should be retained. Japan must not depend completely on foreign capital, but rather must identify and domestically adopt the advantageous aspects of foreign capital while rejecting the negative ones.

References

(—All works in Japanese unless otherwise indicated—)

Economic Planning Agency (1995), *The Investigation to expand FDI from foreign countries,* Govern-

ment Printing Office.
Economic Planning Agency (1996), *The Investigation of M&A to Promote FDI to Japan,* Government Printing Office.
Foley, Thomas S. (2000), "FDI in Japan and Deregulation", The *Nikkei* 14 March.
Inoue, Ryuichiro (1998), *Attracting FDI to Revitalize Local Economies,* Japan External Trade Organization.
JETRO White Paper on Investment, 2000, 1999, 1998 and 1997 editions, Japan External Trade Organization.
Ministry of International Trade and Industry (1998), *31st Report on Trends in Foreign-affiliated Firms,* Government Printing Office.
MITI White Paper ; General Trends, Ministry of International Trade and Industry, 1998, 1999 and 2000.
Okumura, Hiroshi (1969), *Foreign Capitals,* Toyo Keizai Shinpousha.
"Buying Japan by Foreign Capitals", *Weekly Diamond,* May 13, 2000.
"FDI in Japan : active promotion policies to attract foreign capitals", *JETRO SENSOR,* February 1999.
"The Impact of sharply increasing FDI into Japan", *Sentaku*, August 1999.
"The Surge of FDI in Japan", *JETRO SENSOR,* February 2000.

第 9 章

Northeast Asian Economic Cooperation and Japan

Introduction

In Japan, the subject of economic cooperation in Northeast Asia brings to mind the "Sea of Japan Economic Bloc" initiative. The "Sea of Japan Economic Bloc" refers to the countries that surround the Sea of Japan, that is, Japan, Korea, North Korea, Far East Russia, and three Northeast Chinese provinces (Heilongjiang, Jilin, and Liaoning). It is sometimes broadly construed to include the Yellow Sea and East China Sea. Furthermore, the Sea of Japan is called the "East Sea" in South Korea, and the area is called the "northeastern Asian economic area" in China. As some words have special historical and political meanings, it is difficult to arrive at common definitions. This report examines economic cooperation in the "Sea of Japan Economic Bloc" and Japan's role in light of present economic conditions.

1. The Large Potential for Development

The end of the Cold War turned expectations and the possibility of forming an economic bloc in this area into reality. Russian reform began with the Perestroika of the Gorbachev administration in 1986 and expanded to market reform after the collapse of Soviet Union in the end of 1991. China initiated reform and an open door policy in 1979, reaching a completely open stage and establishing a socialist market economic system in 1992. Though North Korea has remained closed, the two former socialist powers, i.e., the Soviet Union and China, established a market economy, which means that an economic age replaced an orientation around politics and security, and free markets in the area became a distinct possibility.

Next, from the latter half of the 1980s to the 1990s, a surge in trade and foreign direct investment (FDI) has been effected by Japan and South Korea. Korea, in particular, expanded trade with and investment in China after the restoration of diplomatic relations in 1992. Japan also rapidly implemented FDI in China in response to the strong yen. Expectations of a complementary economic area were heightening in Japan. Furthermore, the WTO was established in 1995, and regional and bilateral agreements (e.g., EU, NAFTA, and APEC) complementing the WTO became very active in the 1990s.

The Sea of Japan Economic Bloc Plan in Japan was announced at the Sea of Japan Symposium, an international conference held in Niigata in 1988. At that time, Japan was in the midst of a bubble economy. This economic bloc was an abstract plan, an idea much too idealistic to promote development and not grounded in sufficient economic exchange or mutual dependence.

Each country in this area was thought to have the following advantages : Japan has capital and high technology. South Korea has standardized technology and capital. Although North Korea has been a closed socialist economy, it is blessed with cheap, good-quality manpower and mineral resources, as well. Far Eastern Russia is rich in petroleum, natural gas, non-ferrous

第9章 Northeast Asian Economic Cooperation and Japan

metal such as gold and diamond, lumber, and marine products. Northeast China has good-quality labor, agricultural products, and natural resources such as coal.

The above advantages of each country make possible the vertical international division of labor. The formation of an economic bloc by a mutually complementary international division of labor made the potentialities for the development big. The area is expected to achieve the most remarkable economic growth in Asia after Southeast Asia.

2. Concerns Regarding the Plan

The key is the area's complementary production elements such as capital, technology, manpower, and the required mineral and energy resources. Some advanced countries, not having enough natural resources, have only capital and technology. On the other hand, other countries lack funding, technology, and sufficient infrastructure because of underdevelopment but are blessed with natural resources and cheap, high-quality labor. As these countries exist near each other and can help each other, there is great potential for development in this area.

Although expectations and possibilities are considerable regarding this plan, many difficulties about how to realize it occur to us. There are major factors in the area that could be politically divisive. International politics and security influence economic cooperation closely. First, ideological structures differ. Mixed together in the area are capitalist economies such as Japan and South Korea, emerging market economies like Russia, a socialist market economy (China), and a socialist planned economy (North Korea).

Economic exchange between South Korea and China has expanded rapidly since the restoration of diplomatic relations in 1992. In addition, mutual exchange among South Korea, Russia, and North Korea has increased gradually. South Korea has adopted a "sunshine policy" towards North Korea, but the situation is still very unstable. Peace on the Korean Peninsula is a particular problem. There are many unstable factors affecting politics and security, including the missile problem. We have to pay attention to North Korea, as peace on the Korean Peninsula is a fundamental requirement for the economic bloc. In addition, Russian exploitation of energy resources could easily become the seed of international conflict, because energy resources are strategic goods.

Next is the historical issue of the Japanese invasions. Many areas in Northeast Asia were invaded and colonized by Japan, and some unsettled problems remain. The inconsiderate remarks and behavior of certain Japanese politicians impede mutual understanding and mutual trust. Moreover, an economic bloc plan seeking the vertical international division of labor may stir memories of past imperialism and colonialism.

Third, there is the northern territory issue between Japan and Russia, which also involves fisheries in the area, too. This territorial problem could become a diplomatic impediment to economic cooperation between Japan and Russia.

There are also economic factors that could be divisive. First, the stages of economic development differ among the countries. Different development stages mean a mixture of developed and underdeveloped countries with respect to economies and production systems. This makes coordination and mutual profit fairly difficult.

Although the task is easier when an economy develops well, the driving force of the plan weakens under worsening economic conditions. For example, APEC, which previously was considered a shining example of spontaneous cooperation that overcame differences in development, has not worked well recently because of economic sluggishness.

第9章 Northeast Asian Economic Cooperation and Japan

When an actual economy develops well, wishful thinking gets stronger in a planned economic bloc. But the driving force becomes weak, and it often depends on the economic conditions when an actual economy becomes worse in the collapse of the bubble and the financial crisis. Each country tends to pursue its own egoistic profits. In actuality, economic concern has been concentrated on domestic affairs and not on international affairs since the Asian financial crisis in July 1997.

A second economic factor is that the market economy is not understood fully and has not taken root sufficiently, especially in China and Russia. Many problems rooted in past economic systems remain ; system reforms, as well as awareness of the need for reform, are insufficient to achieve the transition to a market economy from a socialist one. The need for a market economy is recognized, but the systems that support it are weak. Market function sometimes do not work well with a mixture of capitalism and socialism. And some distortions are also caused by political dictatorship, because a market economy can only be based on the civil society of a democracy.

Third, the regions outside of South Korea and North Korea, which have promoted the plan, are rather minor and have not been treated with much importance by their own central government. Cities on the Sea of Japan side, such as Niigata and Akita（called the "reverse side" of Japan）, and Hokkaido are somewhat lagging in development[1]. Northeast China is also lagging in reform. Far Eastern Russia is far from Moscow and has not been treated well. Development has been delayed because of lack of sufficient social infrastructures[2].

As mentioned above, there are many political and economic fears in this area. The principle of openness is needed in this area to avoid such fears. We have to promote trade, introduce capital from other countries, and form a free economic area. The promotion of close economical interdependence will form the foundation of peace.

3. Japan's Role and the Present Economy

Japanese expectations of the economic bloc are, first and foremost, to secure energy and natural resources. Next is to use the international division of labor to secure cheap labor and land. Another is regional development in the other Sea of Japan countries.

The other countries expect Japan (and, most likely, South Korea) to supply the financial support, foreign direct investment (FDI), and technical cooperation, in addition to the opening of Japan's high-income market.

One question that arises is whether both sets of expectations are mutually compatible. For example, Japan's requirements are criticized as being based on self-serving views of the vertical international division of labor. The other counties demand a horizontal international division of labor as well as more financial support and technology transfer. The question is whether Japan can accede to those requests. The post-bubble Japanese economy, unable to settle its financial sector's bad debt, has plunged into recession and financial disorder and has therefore become domestically oriented.

A big role for Japan is economic and financial cooperation. ODA from Japan is currently needed to build infrastructures, but Japan, facing deflation and a gigantic government budget deficit, is now considering a reduction in its ODA budget. Thus, Japanese funding will begin to decrease. FDI in Northeast Asia has not been very active[3].

Asian developing countries are catching up with Japan even in high technology. Improvement and applied technology is comparatively easy to transfer. South Korea is ahead in the diffusion of high-speed telecommunications. In China, many students who studied in America are returning home and starting business ventures. The technology levels of these countries are becoming more similar. Russia holds advanced technology in such fields as aviation, aerospace, and nuclear reactors.

Japan also suffers from the hollowing out of its economy. Because of FDI and the shifting of production to neighboring developing countries, many products are being reverse imported into Japan. Although this provides Japanese consumers with cheap, good-quality imports, the hollowing out of the Japanese economy continues as even production in efficient industries is being transferred to China, which is becoming the world's production base. Temporary restrictions on imports of onions, mushrooms, and rush grass have been invoked as protectionism rears its head. Although Japan does profit from the international division of labor with Asia, the transformation of Japan's economic and industrial structure will not be a smooth process. Japan should display leadership in this area but falters instead. Japan's inward-looking tendency is growing stronger, and economic leeway is decreasing.

4. Expectations toward South Korea and China

South Korea has tried reform actively in the economic crisis and proactively adopted U.S. management style and information technology. As an advanced country in the OECD, South Korea is better able to display effective leadership.

Many ethnic Koreans live in this economic area. As there are 1.9 million Korean people in Northeast China and many in Japan and Far East Russia, the network of ethnic Koreans extends across national borders. In fact, Korean FDI into China's three northern provinces has proceeded rapidly since the restoration of diplomatic relations in 1992. This economic community is sure to expand organically. The South Korean government has a strong motive to pursue the formation of a Northeast Asian economic area and unite its people and the countries in which they live.

Geographically, South Korea is located in the middle of Northeast Asia. The infrastructure for international distribution is improving, with Inchon International Airport and Pusan Port serving hub functions whose facilities are managed with inexpensive fees, advanced technology, and efficient, 24-hour-a -day operations.

Expectations toward China are also considerable. Chinese economic development has been remarkable. China is very likely to some day become the world's production base. China can supply the world with not only low-tech products such as clothes and toys, but also household electric appliances and high-tech products. Although the abundance of counterfeit products in China should be criticized, it means that the country has a sufficient material production system. In recent years, such counterfeit products have not been mere inferior copies, but rather copies so similar to the originals as to drive the latter from market. China is now moving to the production of cars and high-tech products and is thought to have gone quite far in securing the knowledge, talented people, and physical systems for production.

At present, reforming state-owned enterprises and other aspects of effecting the transition to a market economy are of top priority in China. In the Northeast provinces, heavy industry was given priority in the era of a planned economy, and the proportion of state-owned enterprises was larger. Therefore, a key factor is whether they can achieve efficient production for a market economy. Balance between supply and demand is determined by price in a market economy, in which competition is the rule and is needed to produce low-priced, good-quality products and to strengthen competitive power.

Succeeding in a market economy requires reform of state-owned enterprises, introduction of FDI, and promotion of trade. At the same time, entry into the WTO and the hosting of the 2008 Olympics are certain to help further open the Chinese market and expand domestic demand. These developments will also significantly influence northern China. However, FDI from abroad must increase for the provinces to develop.

Conclusion

The wave of Asian economic development and market reform has been moving steadily northward from the south. Thus, the economic development of Northeast Asia is certain to occur in the 21st century.

This economic area is politically and economically very complex. As I indicated, economic development must be accomplished through free trade and FDI. Development is only possible when each country forms relationships of close economic exchange and mutual complementation. Because we will be forming a vertical international division of labor for the first time, we need a dynamic perspective on how vertical international division of labor develops into a horizontal one in the long run[4].

First, Japan and South Korea must cooperate together and take a leadership role because technological and financial cooperation are important in the formation and development of the economic area. Second, South Korea must become a center politically because peace on the Korean Peninsula is a prerequisite. The network of ethnic Koreans is very important. Third, rapidly developing China has an important role as the world's production base, which influences development in Northeast Asia.

Lastly I would like to talk about Russia briefly. Far East Russia is exploiting the energy resources such as petroleum and natural gas in earnest. In the future, Russia will become an important country with strategic goods. Furthermore, as Russia possesses advanced military technology, such as missiles and atomic energy, a key factor is how to make use of them as civil technologies.

In an age of global business operations and global competition, the economic development of Northeast Asia must be based on an open door policy and the free market. Furthermore, foreign capital must be actively attracted so as to acquire capital and technology. Open economic cooperation with the United States and Europe must be pursued, as well.

1) The Sea of Japan side of Japan is also called the "reverse side" of Japan, lagging behind in economic development. We must prove how economic development of the Sea of Japan side will be connected with the Pacific side organically. For example, the mutual complementation between the Sea of Japan side and the Pacific side depends on the route over which cargo discharged in Niigata port is carried to Tokyo on the Kanetsu Highway. But there are many problems, such as how to overcome severe natural conditions (i.e., heavy snowfall) and high domestic distribution costs.
2) Respondents to a questionnaire survey of the Sea of Japan economic bloc plan administered by the Niigata Economic Research Center cited the most difficult items in promoting economic exchange as "political factors" in Far East Russia and North Korea, "differences in economic systems" in Northeast China, and "culture and difference in national character" in South Korea. (Source: The *Nikkei,* Japanese economic newspaper, January 15, 1992, the local financial page.)
3) The *Nikkei*, February 23, 2001.
4) Kaneda (1997).

References (All works in Japanese)

Ogawa, Kazuo and Komaki, Teruo eds. (1991), *Sea of Japan Economic Bloc,* Nihon Keizai Shinnbun sha.
Kaneda, Ichirou (1997), *Sea of Japan Economic Bloc: Plan and Fact,* Nihon Housou Shupan Kyoukai.
Economic Research Institute For Northeast Asia ed. (2000), *Economic White Paper on Northeast Asia: Frontier in the 21st Century*, Mainichi Shinbun sha.
Fukui Kenritu University and Northeast Asian Study Society eds. (1998), *The Future of Northeast Asia,* Shinpyoron.
Masuda, Yuji ed. (2001), *Northeast Asian and World in the 21st Century,* Kokusaishoin.
The *Nikkei*, the *Asahi Shimbun* and The *Yomiuri Shimbun*.

*This paper was prepared for presentation at the International Conference on "The Reconstruction of Northeast Asian Order," co-organized by The Institute for Far Eastern Studies-The Graduate School of North Korean Studies, KYUNGNAM UNIVERSITY and International Exchange Center,

第 9 章　Northeast Asian Economic Cooperation and Japan

KANAGAWA UNIVERSITY, IFES, International Conference Room, Seoul, Korea, October 12-13, 2001.

第10章

FDI and Sustainable Development

Introduction

First, I would like to indicate how FDI played a key role in the development strategy of developing countries. Next, I will go into what sustainable development is and what problems it has. After that, economic development of developing nations will be examined from the aspect of sustainable development. Finally, I am covering four points to promote sustainable development in developing countries.

1. FDI and Development Strategy in Developing Countries

There are roughly two kinds of economic development strategies for developing countries, that is to say, an import substituting industrialization and an export-oriented industrialization. At first a lot of developing countries attempted an import substitution policy from the 1950s through the 60s, imposing a quantity restriction and a high tariff on imports to protect domestic industries which were not competitive, and tried to substitute domestic products for the imports. However, the result was that it did not work well, because domestic industries were immature and they had to buy capital goods and intermediate goods from advanced countries and they could not sell their products on the limited domestic market.

Developing countries, such as South Korea, Taiwan, Hong Kong, and Singapore, could not expect to depend on their weak domestic market. They adopted an export promoted industrialization policy from the late 1960's which concluded successfully and are called NIEs. Looking for a big market abroad and attracting FDI played an important role in their economic growth.

Developing countries have to strengthen global competitiveness and expand their exports in foreign markets. As they did not have enough capital and technology, they invited FDI actively. FDI brings capital and technology to developing countries, and also various management resources like production and personnel management methods. Moreover, FDI created jobs and increased the domestic income, which became the mainspring of growth. A good combination of cheap manpower in developing countries with the various management resources of FDI made a big success and developed from a labor-intensive industry to advanced and capital intensive industries.

Development strategy of success in NIEs was adopted by members of ASEAN such as Thailand and Malaysia in the 1970's and China in the 80's and 90's, which was able to lead high economic growth. The economic success in East Asia can be explained as export-oriented industrialization and FDI-led Industrialization.

Japanese economic growth that restricted foreign capital as much as possible is somewhat of an exception. Japan covered capital shortage by overseas loans and high domestic savings, and necessary technologies were imported from abroad. But Japan achieved high economic growth by promoting exports.

It can be said that adopting an export-oriented and an open international trade policy and attracting FDI are indispensable for economic development in developing countries from the experience of East Asia's economic success.

2. Difficulties of Sustainable Development

Sustainable development is abstractly defined as "Today's generation's needs are filled without damaging the ability of future generations to fulfill their own needs". (Watanabe,T. and Sasaki, K.(2004) p.230)

Economic growth is needed to overcome poverty and to achieve a high quality of human life. However, it often accompanies a kind of environmental pollution and strain on resources. But people must be required to leave neither the burden of environmental pollution nor depleted resources for future generations.

2-1 Acceptable limit of environmental pollution and wasteful use of natural resources

2-1-1 Which is more important, today or the future?

In the above-mentioned definition, which is more important "today's generation's needs are filled" or "without damaging the ability of future generations to fulfill their own needs"?

In the former case of today being priority over the future, it is inevitable that there will be some kind of environmental pollution and waste of resources for today's generation to live humanly and comfortably.

In the latter case of the future generation, it is necessary to minimize the environmental pollution and the resource waste, which causes the present generation to restrict its needs.

It is very important as a practical matter whether you give priority to today or to the future

2-1-2 The positions of advanced countries or developing countries?

Although advanced countries that achieved richness can worry about the problem of environmental pollution and resource dryness for the future, populous and poor developing countries give priority to overcoming today's poverty.

Advanced countries that have already acquired richness by economic growth and developing countries that are looking for richness have different priorities. Developing countries give priority to richness. The anxiety about environmental destruction and resource dryness tends to be ignored. For instance, a person who suffers from hunger eats even risky food to fill his stomach for the time being. Only after overcoming the poverty and hunger to some degree, we can think about risks like global environmental destruction and the resource dryness in the future.

Acceptable limit of environmental pollution and wasteful use of natural resources depends on today's priority or on the future's, and is different from the standpoint of advanced countries or developing countries.

2-2 From the quantity to the quality of development

Sustainable development means a good quality of development, not only development by economic growth and income increase but development without or at least minimizing the environmental destruction and the waste of resources, and pursuing a bountiful life now and in the future.

Environmental destruction and resource waste while maintaining economic growth are not a simple problem to solve. But we are anxious that economic growth often causes environmental destruction and resource dryness and leads destructive development. The quality of economic development rather than its quantity is needed now.

2-3 How to share the costs for sustainable development

Neither high economic growth nor income increase now necessarily guarantees richness in the future. How environment policy is built into economic growth and how environment is harmonized with economic growth are important.

Then, costs to advance sustainable development rise by all means. Who bears the costs is a big problem. There is a North-South conflict over the environment. Developing countries insist that advanced countries should have the main responsibility of environmental problems. On the other hand, from the standpoint of advanced countries, the global environmental problems should be for the entire human race and shared by both, advanced and developing countries.

3. Developing Countries and Sustainable Development

Market economy is accomplished on a worldwide scale, and integration of markets is advancing. It promotes free trade and competition and achieves economic efficiency. However, there are two kinds of areas in developing countries, that is, the one is countries and regions which are able to adjust themselves to the market economy and have achieved high economic growth, the other is countries and regions whose economic development stagnates and falls into absolute poverty. The former includes East Asia and India, the latter is Sub-Saharan Africa.

Countries which are adjusted to a market economy and countries which cannot be adjusted to a market economy should be treated separately when we discuss sustainable development.

3-1 Countries which are adjusted to a market economy

Economic development brings economic growth and increases the income which produces a bountiful life in a market economy. But is it possible to say that such economic development will be sustainable now and in future years? Judging from actual economic development, it cannot be said conclusively.

For instance, China has achieved high economic growth since its open-door policy, especially after the 1990's. However, huge consumption of natural resources causes rise in the price of crude oil and fear of shortage. Moreover, an extremely bad energy efficiency and environmental destruction broke out. A serious environmental pollution has been resulted not only in air pollution by CO_2 and SO_2 but also water pollutions from the dryness of water resources and a large amount of polluted drainage from residential areas and industrial contamination of the environment. China is suffering from electric shortages every summer. As they have rich coal mines, they are constructing coal-fired power stations, which cause air pollution. It is very difficult for China to try simultaneous pursuit of environmental preservation and economic growth.

There are about 900 million poor farmers living inland in areas which are underdeveloped. There are problems of an expanding income gap between rural and urban regions, between the city and the inland, and even inside big cities of coastal regions which have succeeded in economic growth.

I doubt that the present economic growth of China is evolving into sustainable development of the future. China is a big test case of sustainable development to some extent. Especially, "The Great Development of the Western Part of China" will be paid attention to in the near future. The sustainable development of China is not only a problem of China, but Japan also because acid rain from China exerts a big influence on the environmental deterioration of Japan.

第 10 章　FDI and Sustainable Development

Though Japan achieved high economic growth in the 1960's, we had serious environmental destruction such as air pollution and water pollution and the oil crisis in the 70's. But we have developed the technologies of pollution control and resource and energy conservation. It is hoped that the experience and lessons of Japan are made the best use of in China. Granting ODA for infrastructure construction and FDI and technology transfer of environmental protection should be carried out.

3-2　Countries which cannot be adjusted to a market economy

How do countries which cannot be adjusted to a market economy develop sustainably?

For instance, economic aid takes priority over trade and investments, and market economy doesn't function well in the Sub-Sahara Africa. Under the condition of suffering from hunger and other challenging circumstances, what and how can development be put into execution?

The least developed countries like in Sub-Sahara Africa can not expect development by depending on natural resources and farm exports in the future. International prices of primary commodities are unstable, and farm exports cannot be expected to develop easily because they are political items that greatly relate to the domestic politics of advanced countries like the raw cotton industry in the United States and the subsidies for sugar in the EU.

Attracting FDI should be carried out to the secondary industries, such as the garment industry, which increases employment in the future, otherwise the possibility of development will be restricted. It is necessary to become an attractive investment destination of FDI.

It is infrastructure building that is requested most. FDI is not a charity work. FDI is not performed if there is no prospect of economical profit. FDI is indispensable to economic development of developing countries, therefore investment conditions under which FDI can be attracted should be priority.

First is political infrastructure. Plentiful resources have unstably led the domestic politics up to now. Politics is destabilized by tribe confrontations, a coup d'etats and by foreign capital related to natural resources. Long term stability and political leadership by democracy and good government are necessary.

Second is economical infrastructure. The infrastructure has to be improved and constructed from material infrastructure such as electric power, water, railways, and roads, to the service industry like finance and management resources, and so on.

Third is social infrastructure. The social life infrastructure such as public health, medical treatment, and drainage and education are also important. Low wage manpower doesn't work only by its low cost. It should be a good quality of manpower that is appropriate for production and the education is needed for that.

In the process of infrastructure building, we have to attract FDI to be environment-friendly.

4. To Promote Sustainable-oriented FDI

There is no way of development except market-oriented economy now to achieve sustainable development. However, even if the quantitative development of economic growth is continued by a market economy, sustainable development is not secured.

Developing countries must positively invite FDI and promote free trade in a market economy and develop domestic industries. What do they need to promoting FDI and encourage sustainable development at the same time?

4-1 Attracting FDI selected by the government of developing

第 10 章　FDI and Sustainable Development

countries

It is important for the government of developing countries to select ways which FDI can play useful roles in promoting sustainable development. Ways which cause environmental pollution and compel very bad working conditions, child labor and disregard of human rights must be avoided.

Governments of developing countries should clarify what is necessary for their sustainable development, adopt an environmental policy which guides the selection of foreign capital. It is the content and quality of FDI that really matter.

However, it is a problem when you think which position is stronger, FDI or developing countries. FDI has some choices. For example, if China is not suitable enough, they can substitute Vietnam for China as an investment destination. Therefore, it is important to show how attractive developing countries are as an investment destination for FDI.

4-2　Government role of advanced countries and corporate social responsibility (CSR)

Advanced countries have a responsibility to further sustainable development because they are already developed. Moreover, there is financial ability that bears costs and an obligation to achieve sustainability. Financial aid which centers on ODA and technical co-operation for environmental protection are requested. The government should support business that cannot make enough profit easily on a commercial basis, such as, Japan's technology and experience for pollution control which is needed for environmental measures.

On the other hand, companies which are pursuing only profit can't be accepted without "Corporate social responsibility (CSR)", building social equity and responsible concern for environment into management activity and responsible behavior for various stake-holders such as not only stockholders and customers but also employees, consumers and the local societies.

Companies are requested to carry out socially responsible investing (SRI), such as the environment-friendly investment like the eco-fund. Companies must get respect from the society by contributing widely.

Corporate social responsibility (CSR) and socially responsible investing (SRI) are requested worldwide. FDI in developing countries needs the aspect of contributing to sustainable development

4-3 Role of international organizations and international agreements

Market economy is not versatile as often said. Although government is requested to supplement market failure and function, the government function of developing countries is weak. Then, international organizations and international agreements such as United Nations, WTO, and OECD play an important role. The agreement of preventing global warming like the Kyoto Protocol is significant from the perspective of sustainable development.

The development of investment guidelines by international organizations has a special meaning in the competitive globalization now. The action agenda of multinational companies for sustainable development is needed.

A problem is that international organizations and international agreements and rules tend to be made advantageous for the advanced countries and companies by international power politics.

4-4 Role of the citizens and NGO

The activities for protecting environment and human rights, overcoming poverty, and looking for food safety by citizens and NGO groups attract attention. Moreover, sales of products of developing countries, through fair trade, are gradually having an effect on sustainable development.

Citizens and NGOs play big roles as watch dogs to advance sustainable development. Company activities are expected to secure the profit in a market economy. Company activities such as extensive charity work cannot be greatly expected. Therefore, volunteer organizations of citizens and NGOs can play a monitoring role.

For instance, the street protest held during the third ministerial conference of the WTO in Seattle in December, 1999 to derail the liberalization of the trade and capital markets which were favorable to advanced countries and causing the expansion of poverty and the environmental destruction.

A virtual network on the Internet has a big power internationally. Citizens and NGOs can exert their influence to promote sustainable development by the Web in the information technology society.

Conclusion

It is very difficult that economic development and environmental protection exist together to be sustainable.

Governments of developing countries and advanced countries, companies, international organizations and agreements, and citizens and NGOs, are all important, but they have to make a mutual cooperation to attract FDI and achieve sustainable development for developing countries.

References

Akiyama, K. (2005), "Risks in Chinese Economy", *Ekonomisuto* (*Weekly Economist*), Vol.83, May 17, pp.44-47.

Cosbey, A., Mann, H., Peterson, L. E. and Moltke, K. (2004), *Investment and Sustainable Development : A Guide to the Use and Potential of IIAs*, IISD, http://www.iisd.org/investment.

Kitagawa, K. and Takahashi, M. (eds.) (2004), *Afurika Keizairon* (*African Economy*), Mineruba-Shobo.

第Ⅲ部　英語論文編

Watanabe, T. and Sasaki, K. (eds.) (2004), *Kaihatu Keizaigaku Jiten (Encyclopedia of Development Economics)*, Kobundo.

World Bank (2002), *Globalization, Growth, and Poverty: Building an Inclusive World Economy*, The World Bank.

*This is a paper prepared for presentation at the UNU-IAS Yokohama Roundtable on "The WTO and Developing Country Expectations after a Decade-Confronting Old Problems and Addressing New Challenges for Sustainable Development" convened by United Nations University-Institute of Advanced Studies, Yokohama, Japan, 7th July 2005.

あとがき

　グローバル化は，2000年代の後半に入り，状況が大きく変わった。2006年7月から米国の住宅価格の下落が始まり，2007年8月には，住宅価格の上昇を前提に組まれていた低所得者向けの住宅融資，いわゆるサブプライム・ローン問題が顕在化し，世界の金融市場の混乱と危機をもたらした。1997年のアジアの通貨・金融危機が第1次グローバル化危機とすれば，今回は第2次グローバル化の危機といえる。第1次危機が発展途上国に限定されていたのに対し，第2次危機は，米国発となり全世界に大きな影響を及ぼした。経済の相互依存関係を強めたグローバル危機は，世界に張り巡らされた金融ネットワークの不安定化や混乱を引き起こした。

　2008年9月リーマン・ブラザーズの破綻を契機に，世界経済が急速に悪化した。世界の株式は急落し，実体経済は急激に悪化をたどり，世界同時不況へと進んで行った。100年に一度と言われるほどの深刻な経済危機である。今後，各国の不況が厳しくなるなかで，世界で保護主義が強まるのではないかと懸念される。一方，急速に進むグローバル化の底辺では，地球温暖化など環境破壊や経済格差など深刻な矛盾が生じている。今後も，グローバル化の進展を見守ると同時に，重要な研究課題としたい。

　本書の不十分な点や気付かない誤りも多いと思われるが，読者諸賢のご批判，ご指導を仰げたら幸いである。

　本書をあらわすにあたって多くの方々にお世話になった。特に，神奈川大学経済貿易研究所から出版助成をいただいた。感謝申し上げたい。また，出版事情厳しき折，本書の出版を快く引き受けてくださった白桃書房の社長大矢栄一郎氏にお礼を申し上げたい。

　最後に，私事で恐縮であるが，私は2008年3月に還暦を迎えた。還暦は，60年で再び生まれた干支に還るおめでたい区切りの年である。私もその区切りに見習って，なにか形に残したいと考え，近年執筆した論文を読み直し，加筆・修正して編集したのが本書である。内心忸怩たる思いもある

あとがき

が，自分の研究成果を見直すのもそれなりに意味があると考えた。自分が60年も生きてきたことに感慨を覚えると同時に，本当に有難いと思う。

本書は，すでに発表した下記の論文に加筆・修正し構成したものである。

第1章 「経済のグローバル化─生成，発展，そして今後の課題─」飯沼博一編『国際貿易をめぐる諸問題と解決への道』白桃書房，第2章，2005年6月。

第2章 「米国通商政策の形成メカニズムと外的影響要因」『予見的政策形成システムの確立に向けた政策立案・政策決定過程の課題と展望』中央政策研究所，2003年3月，「ケリーが目指すスーパー301条復活」『エコノミスト』，2004年9月14日号。

第3章 「米国の対中通商政策と中国の対応」『海外事情』拓殖大学海外事情研究所，1999年1月。

第4章 「米中貿易摩擦と今後の行方」『海外事情』拓殖大学海外事情研究所，2006年6月。

第5章 「内圧・外圧からみた中国の市場開放」松江宏・秋山憲治他共著『現代中国の消費と流通』愛知大学経営総合科学研究所叢書18，第6章，1999年3月。

第6章 「中国のWTO加盟の推移と課題」『年報（第2号）』アジア市場経済学会，1999年9月，「中国経済の国際化」松江宏編著『現代中国の流通』同文舘出版，第1章，2005年4月。

第7章 「日本のFTA交渉の対応と課題─農業と外国人労働力の受入れを中心として─」『年報（第8号）』アジア市場経済学会，2005年6月。

第8章 "Japanese Foreign Capital Policy and the Surge in Japan's Inward FDI",『経済貿易研究』No. 28, 神奈川大学経済貿易研究所，2002年3月。

第9章 "Northeast Asian Economic Cooperation and Japan",『商経論叢』第37巻第4号，神奈川大学経済学会，2002年4月。

第 10 章　"FDI and Sustainable Development",『商経論叢』第 41 巻第 2 号，神奈川大学経済学会，2006 年 3 月。

索　引

あ　行

アジア経済共同体　2
アジアの通貨・金融危機　8, 61, 63, 111, 115
アメリカナイゼーション　4
アメリカ・ファースト（米国優先主義）　41, 44
オープン・ドア・ポリシイ　91

か　行

外　圧　89, 92, 95
「改革・開放」政策　5, 54, 90, 102
外国人労働力　137
外国貿易権　105
外資の選別規制　97
下　院　26
ガットのウルグアイ・ラウンド　103
環境問題　13
議　会　23, 26
技術集約的農業　133
基準認証制度　106
議定書交渉　105
逆外圧　96
逆内圧　98
共和党　26, 30, 41
緊急輸入制限（セーフガード）　71
金・ドル交換停止　4
空洞化　129
グリーン観光農業　136
クリントン政権　52, 103, 109
クリントン大統領　32
グローバリゼーション　1, 22
グローバル・ガバナンス　12
グローバル・キャピタリズム　53
グローバル・スタンダード　63
経済のグローバル化　1, 21
建設的な戦略的パートナーシップ　62
公正貿易　7, 31
公聴会　27
高度人材　137
国土保全論　135
国務省　25
国有企業改革　94, 113
国家経済会議（NEC）　33

さ　行

サービス協定（GATS）　107
サービス産業　95
サービス市場の開放　64
最恵国待遇（MFN）　56
財政委員会　26
歳入委員会　26
財務省　25
サッチャー政権　6
サブプライム・ローン　13, 82
三沿開放　91
産業政策　106
3K職場　138
三大改革（国有企業改革，金融制度改革，行政改革）　64, 112
資源ナショナリズム　5
市場開放　55
市場開放の制約要因　94
市場開放の促進要因　91
市場経済　2
市場の分配・公平性　11
持続的成長　14
社会主義市場経済　7, 54, 95, 98, 103
ジャパン・パッシング（日本素通り）　47
上　院　26

索　引

少子・高齢化　136
商務省　25
食の安全性論　135
食糧安全保障論　134
新通商政策　7, 31
新農業法　39
人民元の切上げ　73
人民元の切下げ　63, 112
スーパー301条　32
数量制限の一般的禁止　106
スペシャル301条　107
政治のグローバル化　10
セーフティネット　11
世界経済の統合　2
センシティブな交渉品目　126
先進移行国　108
全面的開放　90
線や面への開放　90
戦略的パートナー　71
相互主義法案　31
走出去（ぞうちゅうちい）　72

た　行

大統領　23
大統領・行政府　24
多国籍企業　2, 5, 22, 52
縦割り行政　127, 139
単純労働人材　137
地域優先保護主義　77
チェック・アンド・バランス　27
地球環境保護論　135
知的所有権の侵害　104
知的所有権の保護　107
中国脅威論　84, 116
中国のガット加盟交渉　102
中国のサービス産業　76
中国の資源・エネルギーの確保　77
中国の市場開放　76
中国の繊維製品　71

中国のWTO加盟　95
中国のWTO加盟条件　104
中国の知的財産権侵害問題　75
鉄鋼製品のセーフガード（緊急輸入制限）　36
天安門事件　54, 102
点の開放　90
東西対立・冷戦　32
東南アジアの通貨・金融危機　96
土地・資本集約的農業　133

な　行

内　圧　91, 94
内国民待遇　105
中曽根政権　6
74年通商法301条　31
南巡講話　90
2010年上海万博　82
2002年米国中間選挙　36
2008年北京オリンピック　82
2004年大統領選挙　40
日本版金融ビッグバン　8
農　業　131
農業構造改革　134
農業の多面的機能　132, 134
農産物3品目の暫定セーフガード適用　10
農産物全般の自由化　126
農務省　25

は　行

東アジア共同体構想　117, 131
東アジアの経済共同体　84
ヒト（労働力）の移動　126
100年に一度　9
ファストトラック　24, 127
不安定な弧　81
プラザ合意　6, 31, 73
ブレトン・ウッズ体制の崩壊　3
米国通商政策　21

米国通商代表部（USTR） 24
閉塞感の日本社会 128
米中の貿易・直接投資関係 48
米中貿易関係 70
米中貿易摩擦 69,79
変動相場制 4
貿易転換効果 129
包括通商・競争力法 7
保護産業 131

ま 行

マルチトラック・アプローチ 32,44,117
民主化・人権 57
民主党 26,32,40
メキシコとのFTA 128

や 行

ユニラテラリズム（独善主義） 9,12

ら 行

レーガノミックス 6
レーガン政権 6
レーガン大統領 30
労働集約的農業 133
労働省 25
ローカル・コンテント法案 31

欧 文

APEC（アジア太平洋経済協力会議）
　33,58,104,109,166
ASEAN 115,176
Asian financial crisis 167
attraction of foreign capital 151

bad debt 151
bubble economy 151,164

China 165,169,180

Cold War 163
collapse of the bubble economy 156
complementary production 165
counterfeit products 170
Corporate social responsibility (CSR) 183

Deregulation 151,156,160
deregulation and structural reform 153

East Asia 179
economical infrastructure 182
economic growth 178
economic recession of the 1990s 151
environmental destruction 178,180
environmental pollution 177
EPA（経済連携協定） 126
ethnic Koreans 169
EU（欧州連合） 2,117
export-oriented industrialization 175

FDI 145,151,153,154,155,164,168,175,
　176,181,182
FDI-led Industrialization 176
financial Big Bang 152
Financial System Reform Law 152
Foreign Access Zones (FAZs) 151
foreign capital 160
Foreign Capital Law 148
Foreign Exchange and Trade Management
　Law 148,149,152,158
FTA（自由貿易協定） 2,29,80,115,125,
　139
FTAA（米州自由貿易地域） 117

global environmental problems 179
globalization 152,153

hollowing out of industry 151,154
hollowing out of its economy 169

193

索　引

horizontal international division of labor　168

import promotion policy　150
import substituting industrialization　175
income gap　180
individual financial assets　158
industrial policy　148
Internet　151
investment friction　145, 150
IT　138
IT（情報通信技術）革命　3
IT 革命　7, 22

Japan　145, 164, 168, 181
Japanese foreign capital policy　147
Japanese Investment Market　150
JETRO　152, 156

keiretsu (associations of corporations)　150
Korean Peninsula　166
Kyoto Protocol　184

Large Store Law　150
liberalization of trade and capital　148

market economy　167, 170, 179, 181, 182
Mergers and acquisitions　156
M&A　6, 157

NAFTA（北米自由貿易協定）　29
NGO　8, 184
NIEs　5, 176
Nissan Motor Corp.　158
North Korea　164
North-South conflict　179

ODA　168, 181
OECD　149, 184
open door policy　164

Perestroika　164
political infrastructure　182

recession　156
regional and bilateral agreements　164
Renault　157
resource dryness　178
restructuring　153
Ripple Wood Holdings　159
Russia　164

Sea of Japan Economic Bloc　163
Sea of Japan Economic Bloc Plan　164
social infrastructure　182
socially responsible investing (SRI)　184
South Korea　164, 169
Sub-Saharan Africa　179, 181
sunshine policy　166
sustainable development　175, 177, 178, 182

Toys "Я" Us　150
TPA（貿易促進権限）　24
trade friction　149, 150
trade surplus　149
TRIPS（知的財産権の貿易関連）協定　75

vertical international division of labor　165, 166, 168

USTR（米国通商代表部）　127
United Nations　184

wasteful use of natural resources　177
WTO（世界貿易機関）　2, 8, 28, 36, 37, 59, 76, 164, 184, 185
WTO 加盟　98, 105, 109, 114
WTO 加盟交渉　60
WTO ドーハ開発ラウンド　80
WTO の紛争処理機能　80

著者紹介

秋 山 憲 治（あきやま　けんじ）

1948年　埼玉県生まれ
1971年　横浜国立大学経済学部卒業
1976年　横浜市立大学大学院経済学研究科修士課程修了
愛知大学経営学部教授をへて
現在，神奈川大学経済学部・大学院教授　博士（経済学）
大学院経済学研究科委員長（2009年4月より経済学部長）
早稲田大学大学院商学研究科　講師
日本貿易学会　会長　　アジア市場経済学会　理事
専攻，国際経済論・貿易政策

主な著書・訳書に，
『経済のグローバル化と日本』御茶の水書房，2003年
『貿易政策と国際通商関係』同文舘出版，1998年
『「日米同盟関係」の光と影』（共編著）大空社，1998年
『日米通商摩擦の研究』同文舘出版，1994年
『技術貿易とハイテク摩擦』同文舘出版，1991年
『アメリカ通商政策と貿易摩擦』同文舘出版，1990年
『入門国際経済』（共著）日本評論社，1985年
C.P.キンドルバーガー／P.H.リンダート『国際経済学』
（共訳）評論社，1983年，など。

米国・中国・日本の国際貿易関係　　神奈川大学経済貿易
　　　　　　　　　　　　　　　　　研 究 叢 書 第 24 号

発行日──2009年3月4日　初版発行　　＜検印省略＞
著　者──秋山憲治
発行者──大矢栄一郎
発行所──株式会社 白桃書房

〒101-0021　東京都千代田区外神田5-1-15
☎03-3836-4781　📠03-3836-9370　振替00100-4-20192
http：//www.hakutou.co.jp/

印刷・製本──三和印刷㈱

Ⓒ Kenji Akiyama　2009　Printed in Japan
ISBN978-4-561-76177-8 C3063
JCLS 〈㈳日本著作出版権管理システム委託出版物〉
本書の無断複写は著作権法上での例外を除き禁じられています。複写される場合は，そのつど事前に，㈳日本著作出版権管理システム（電話 03-3817-5670，FAX 03-3815-8199，e-mail: info@jcls.co.jp）の許諾を得てください。
落丁本・乱丁本はおとりかえいたします。

島崎久彌 著
大欧州圏の形成　EUとその拡大
地上を徘徊する地域主義の原点，EUを政治，社会統合の側面から考察するとともに，EUを中核として無窮道的に展開される拡大の軌跡を分析。併せてカナダ型連邦国家の形成を窮極の目的とする大欧州圏の前途を展望。　ISBN978-4-561-86025-9 C3333　A5判　296頁　本体4,077円

中田信哉 著
物流政策と物流拠点
長年にわたり物流政策等の審議会・委員会に参画してきた物流研究の第一人者である著者による，現在の「総合物流施策大綱」までの流れを，公表された表面的なものだけでなく審議過程をもふまえて著した貴重な研究書。　ISBN978-4-561-76122-8 C3363　A5判　426頁　本体4,800円

沢田幸治 著
再生産論と現状分析　日本資本主義の戦前と戦後
地上を徘徊する地域主義の原点，EUを政治，社会統合の側面から考察するとともに，EUを中核として無窮道的に展開される拡大の軌跡を分析。併せてカナダ型連邦国家の形成を窮極の目的とする大欧州圏の前途を展望。　ISBN978-4-561-86031-0 C3333　A5判　224頁　本体3,000円

石井伸一 著
現代欧州統合論　世紀を拓くヨーロッパ・モデル
ヨーロッパ建設のページが拓かれ，現代史の転期を迎えた。ローマ条約の発効により，統合への改革が進展していく。単一通貨ユーロ創設に向けた発展過程を，パリ駐在の体験を生かした著者が展開するヨーロッパ・モデル。　ISBN978-4-561-86036-5 C3333　A5判　328頁　本体4,400円

島崎久彌 著
海外市場開拓の実務と情報収集　EUとその拡大
中堅，中小企業のための海外市場開拓の実務書であり，そのための実務情報（源）を紹介している。主な内容は，貿易会社の設立，海外営業，見本市，代理店，レップ，海外販売拠点，販促用品の製作，世界の輸入規制など。　ISBN978-4-561-76170-9 C3363　A5判　176頁　本体2,500円

鈴木芳徳 著
証券市場と株式会社
本書は，会社法を論じ，会社法が負う様々な職務を問い，現代株式会社の企業財務が直面する困難を論じ，それらの諸問題の総体が株式証券市場との緊密な関係において論じられるべきものであることを主張するものである。　ISBN978-4-561-96108-6 C3333　A5判　200頁　本体3,500円

小山和伸 著
リーダーシップの本質　失意から成功への回帰
リーダーシップとは，日常生活において誰もが直面する普遍的な現象である。本書は，人間性の向上と人間同士の感応を中心テーマとし諸学説を取り入れながら，その理論を，一般的妥当性を持ち得るようにまとめたものである。　ISBN978-4-561-51069-7 C2034　A5判　202頁　本体1,800円